任正非作为中国企业家中的叱
咤风云的人物，以其卓越的企
业家智慧为华为指明方向。

孙向杰 编著

任正非

文化至上

管理之王的管理秘密

QUNYAN PRESS

·北京·

图书在版编目（CIP）数据

任正非：文化至上：管理之王的管理秘密／孙向杰编著. —— 北京：群言出版社，2016.5
ISBN 978-7-5193-0117-0

Ⅰ. ①任… Ⅱ. ①孙… Ⅲ. ①任正非－生平事迹②通信－邮电企业－企业管理－经验－深圳市 Ⅳ. ①K825.38②F632.765.3

中国版本图书馆 CIP 数据核字（2016）第 108274 号

责任编辑：潘　昊
封面设计：孙希前

出版发行：群言出版社
社　　址：北京市东城区东厂胡同北巷 1 号 （100006）
网　　址：www.qypublish.com
自营网店：https://qycbs.tmall.com（天猫旗舰店）
　　　　　http://qycbs.shop.kongfz.com（孔夫子旧书网）
　　　　　http://www.qypublish.com（群言出版社官网）
电子信箱：qunyancbs@126.com
联系电话：010－65267783　65263836
经　　销：全国新华书店
法律顾问：北京天驰君泰律师事务所

印　　刷：北京天正元印务有限公司
版　　次：2016 年 8 月第 1 版　2016 年 8 月第 1 次印刷
开　　本：710mm × 1000mm　1/16
印　　张：15
字　　数：192 千字
书　　号：ISBN 978-7-5193-0117-0
定　　价：35.00 元

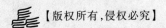

前言

华为，是世界上最神秘的企业之一，其在国内国际市场上攻城略地，被国外企业称为来自中国的"野蛮人、搅局者、东方幽灵"。

1987 年，43 岁的退役解放军团级干部任正非，与几个志同道合的中年人，以凑来的 2 万多元人民币创立了华为公司。

当时，除了任正非，可能谁都没有想到，这家诞生在一间破旧厂房里的小公司，即将改写中国乃至世界通信制造业的历史。

被阻击、被提防，华为的成长道路可谓步步惊心。就是在这样看似山重水复无路处，以任正非为核心的华为企业采取由边缘到中心逐步包抄的圈地式战略，几度令爱立信、诺基亚、西门子、朗讯、思科等国际大鳄错愕不止。

2012 年，华为实现销售收入 2202 亿元，成为与爱立信并驾齐驱

1

的全球最大的电信设备制造商；2013 年，华为在全球部署的 LTE 商用网络和 EPC 商用网络，名列世界第一。

目前，华为智能手机大规模突破欧洲、美国、日本等高端市场防线，全球热销。从国际竞争再回到华为内部管理，任正非执掌华为 27 年，华为的每一步成长足迹都深深烙着他个人的精神印痕。

不论企业内部推行的集体决策与三权分立，还是接班人轮值制度，深谙此中之道的中国人都明白，不论任正非的名义持股比例几何，不论台面上的权利制度如何，任正非都是华为的主教。

如今，任正非已到了古稀之年，代际交接之时，这个在当今世界具有独一无二竞争力的中国企业能否不断注入新的生命之源，赢得基业长青，一切尚在未定之天。

华为，作为全球闻名的电信设备供应商，它的成长不仅是团队合作成功的一个经典案例，更是任正非管理哲学的试验场。

华为的企业精神、华为的管理方法、华为人的成功之道，在某种意义上，印证了任正非管理的系统性和开创性，以及对市场的精准把握。

本书深刻的分析了华为发展过程中关键性的时间点，以及其时任正非所扮演的角色，他如何引导企业的成长，如何在黑暗中抓住微光，应对企业所面临的一次次危机。

任正非日益成熟的管理智慧，一篇篇热情、深刻而鼓舞人心的文章，一次次动人心魄的演讲，他大气磅礴地进行全球性布局，游刃有余地面对激烈竞争，从容不迫的处理企业发展困惑……

任正非并非天生就是卓越的企业家和领导者，他也是经过了披荆斩棘、披星戴月的奋斗，历尽艰难困苦，才成就辉煌。

任正非的理念就如同华为的太阳，华为成长的每一个阶段，都是以任正非的理念为支撑的。可以说，是任正非理念缔造了华为这个通信帝国。

可以坦诚地讲，在企业管理与经营方面，我们的确需要以任正非为楷模，以他为方向、为导师，我们由衷相信，中国企业的未来，是靠华为这样的企业推动的。

人人敬仰的"英雄"任正非，是如何指引华为，使其成为中国最成功的国际化企业的呢？相信你从这本书可以找到答案。

目 录

第三章　人才培养:走下去,需要更多的新鲜血液

第四章　客户至上:华为的追求是实现客户的梦想

第五章　制度为纲:将管理永恒地贯彻下去

第六章　华为理念,唯有文化才会生生不息

第一章

危机意识：居安思危，为过冬准备好棉袄

互联网时代，颠覆性创新不断涌现，企业随时都面临着被淘汰的危机。要想长期稳定地发展，企业的每一位员工都必须具有强烈的危机意识。任正非向华为的员工们表示："虽然从华为公司总的形势来看还是好的，但入关的钟声已经敲响，再把公司当成天堂，我们根本就不可能活下去。"正是这种时刻存在的危机意识，激励华为人始终保持着艰苦奋斗的精神，取得了一个又一个成功。

1. 危机意识是企业成长的动力

大凡从事企业的人都知道，人才、技术、产品和营销等因素是企业现阶段的核心竞争力指标。而这些因素背后的企业文化则是一个企业能够长寿的生命力指标。

很多看上去很红火很景气很热闹的企业，常常在突然间就倒下再也起不来了。究其原因，大多是缺乏危机意识，或者是危机管理出了问题。

企业危机是企业运行周期的天然的组成部分，因此，无论是哪类企业都会遇到各式各样的危机。危机管理中首要的是如何预防危机的发生。换句话说，企业危机管理不应该被动地等待，而要制订有备无患的危机管理战略战术。明白地说就是要强化危机意识。

19 世纪末，美国康奈尔大学做过一次有名的青蛙实验。他们把一只青蛙冷不防丢进装满热水的锅里，这只青蛙在千钧一发的生死关头突然用尽全力，一下子跃出那势必使它丧命的水锅，跳到锅外的地面，安然逃生！

半小时后，他们使用同样的锅，在锅里放满与自然温度相同的凉水，然后把那只死里逃生又已经恢复了元气的青蛙放到锅里。由于水温适度，青蛙没有任何感觉。

教授们接着悄悄地点燃锅底下的炭火并让它慢慢地加热。青蛙悠哉悠哉地在水中享受"温暖"，等到它感觉到热度已经熬受不住了，终于想起来要奋力一跳以逃命，但为时已晚，它欲跳乏力，全身瘫痪，慢慢就皮开肉绽，葬身在热锅之中。

青蛙效应强调的便是"生于忧患，死于安乐"的道理。人天生就是有惰性的，总愿意安于现状，不到迫不得已多半不愿意去改变已有的生活。若一个人久久沉迷于这种无变化、安逸的生活时，就往往忽略了周遭环境等等变化，当危机到来时就像那青蛙一样只能坐以待毙。

未雨绸缪、居安思危、有危机意识是我们应该从中领悟的。在生活和职业上都是如此，逆水行舟，不进则退。回顾一下过去，当我们遇上猛烈的挫折和困难时，常常激发了自己的潜能；可一旦趋向平静，便耽于安逸、享乐、奢靡、挥霍的生活，而不断遭遇失败。

一个人或一个公司，如果他陶醉现在已有的"卓越"中，那么他就只会走下坡路。可口可乐，作为世界软饮料行业的最卓越的公司。当罗伯特·戈伊祖塔接任可口可乐的 CEO 时，他向高层主管们提出了这么几个问题：

"世界上 44 亿人口每人每天消耗的液体饮料平均是多少？"

"64 盎司。"（1 盎司约为 31 克）

"那么，每人每天消费的可口可乐又是多少呢？"

"不足 2 盎司。"

"那么，在人们的肚子里，我们市场份额是多少？"

罗伯特·戈伊祖塔这一系列问题正是说明一个公司和个人都应该时刻充满危机感和不满足感。今天的成功并不意味着明天的成功。

你只有不断地保持自己的饥饿意识，设定远大的目标，才不会在生活中各方各面的竞争中被打败；你只有时刻保持有面临着危机的心态，你才能在真正危机到来时，临危不乱。

"华为没有成功，只是在成长"，这是任正非对华为发展的自我评估。随意翻看任正非文笔间记录的华为成长过程，即使没有听过他在华为的各类讲话，都会深深觉得，他和比尔·盖茨一样，常常居安思危。

比尔·盖茨的"微软距离破产永远只有18个月"，成就着大公司"大而不倒"的奇迹，任正非同样如此。

"没有安全感"是一种意识，更是大公司领导者积聚能量的内心动力——危机感常在，最终会让公司这个机体保持对体外刺激的敏感性，保持一种警惕和临界状态，然后才有可能保持我们常常寄望于大公司所应该具有的"活力"。

任正非认为，无论发展怎样，至少有三个问题是始终不能回避的：首先，不能相信自己无所不能。即使华为在集聚人才、积累资本、积累技术，但是否可以持续掌控行业发展的脉络、是否能维持强大的赢利能力，都不可预见。

其次，市场只靠纵向产品不够。整体通信领域一直遵循着纵向产业模式向横向转换的趋势，只有扩大该产品的横向市场能力才能继续创造新的利润体系，所以，华为手机、华为体验店都是华为转型和创新阶段的举措。

第三，高利润和模块化产品可能带来困境。在原有的通信制造业领域里，一个足够长的产品线中往往潜伏着无数的敌人和对手，创新规则、行业变迁、竞争重点随时都可能让利润点转移，华为是否作了足够的准备。

任正非说："10年来我天天思考的都是失败，对成功视而不见，也没有什么荣誉感、自豪感，而是危机感。也许是这样才存活了10年。失败这一天一定会到来，大家要准备迎接，这是我从不动摇的看法，这是历史规律。"他始终不敢掉以轻心，始终在提防任何可能的风险和潜在的对手。

2001年是华为飞速发展的一年，外界称那段时期是华为的春天。但在春天里，他在内部会议上提出华为要为过冬作准备。这曾被IT企业称为行业的盛世危言。也正是在他的倡导下，华为人始终没有放松学习。

而当华为已经成为全球通信行业的领先者的2010年，他又提醒华为管理者"让听得到炮火的人作决策"，全力打造企业的管理转型。

2011 年的新年，他再一次创造性地设计了"轮值 CEO 制"，带领这个已经站在行业高端的企业进行全面的组织转型。任正非是一个敢于自我否定并把自我否定作为一种领导者关键气质的人。

面对跨国公司，任正非并没有将它们看成简单而可怕的竞争对手，相反视它们为老师也是榜样："它们让我们在自己的家门口遇到了国际竞争对手，知道了什么才是世界先进。它们的营销方法、职业修养、商业道德，都给了我们启发。我们是在竞争中学会了竞争的规则，在竞争中学会了如何赢得竞争。"

我们常常说安全感对于每个人来说有多重要，但对于一个大公司来说，最好的状态可能恰恰相反：没有安全感才是内心得以强大的好事。

一个具有强烈忧患意识的民族，是一个最有希望的民族。一个具有忧患意识的企业一定也是一个充满着希望的企业。

对于企业来说，最大的风险就是没有危机意识。近年来，面对市场环境的不断变化，有些企业能应变自如获得生机，而某些企业却步履维艰甚至是关门倒闭。其原因与上述关于青蛙的试验颇为相似。

变化的环境，如同逐步加热的水温，有些企业敏感性强，及时觉察，积极应对，因而处危不惊，应变自如，摆脱危机；可有些企业感觉麻木，抱残守缺，得过且过，图一时之快，到了积重难返之时，只有惨遭淘汰的份儿了。

任正非每年都喊华为的冬天来了，但事实却是华为的销售增长迅猛。在国际市场上，从第三世界到发达国家市场，华为与世界上最大的通信设备供应商们同台竞技而毫不逊色。居安思危，华为和任正非正是中国企业和中国企业家的典范。

成功的企业往往注重树立危机意识，力避温水效应。例如海尔集团以

"永远战战兢兢，永远如履薄冰"为生存理念，使企业保持蓬勃向上的发展势头。小天鹅公司实行"末日管理"战略，坚守"企业最好的时候，也就是最危险的时候"的理念，因此做到了居安思危，防患于未然。

如果一个企业的经营者只看到企业发展的有利因素，而忽视了潜在的风险，只看到对手的弱点，却看不到自身的不足，如果在取得一时的成功就得意忘形，而对可能发生的危机缺乏准备——这些都是十分危险的信号。俗话说，生于忧患，死于安乐。这个道理对于企业来说是同样适用的。

管理智慧

孟子云："生于忧患，死于安乐。"人如此，企业发展也不例外。如果一个企业的员工，一直沉溺于过去的辉煌，没有忧患意识和危机精神，顺境面前盲目乐观，因循守旧，不思进取，时间一长，就会被习惯性思维所控制，丧失锐气。

2. 华为总是在冬天

华为作为中国企业的骄傲一直是一个谜，掌舵人任正非同样是一个谜。华为在 2000 财年销售额达 220 亿元，利润以 29 亿元人民币位居全国电子百强首位的时候，任正非大谈危机和失败，到 2010 年突破了 1000 亿元，成为全球行业第二的位置，任正非仍然念念不忘对华为的全体员工强调华为的冬天。

"十年来我天天思考的都是失败，对成功视而不见，也没有什么荣誉感、自豪感，而是危机感。也许是这样才存活了十年。我们大家要一起来想，怎样才能活下去，也许才能存活得久一些。失败这一天是一定会到来，大家要准备迎接，这是我从不动摇的看法，这是历史规律。"

华为的大名早在 2000 年左右就已经在中国企业界流传开了，而这缘于华为总裁任正非的两篇管理名作《华为的冬天》和《北国之春》。

在这两篇名作里通篇都在强调的是危机意识，任正非作为一个企业家的爱国情怀，忧患意识及对企业管理的纵深思考，显示了华为这个企业的成长基于一个一般中国企业所不能企及的思想高度。

这种忧患意识也成为了华为不断发展壮大的内在动力。而对于当时众多中国企业来说，这些观念无疑具有振聋发聩的意义。

《华为的冬天》一文出炉，此文让华为在中国的企业界确立了新的地位，其重视危机的企业文化开始拥有了扩张性的影响力。大量网站和企业内刊转载了这篇文章，众多的企业家和 MBA 学员将其作为重要资料进行精读。

当时，创维集团董事长黄宏生认为这篇文章说出了所有做企业的人的感受。联想集团新帅杨元庆把这篇文章发给所有中层干部，要求认真学习。东软集团董事长刘积仁在公司成立十周年大庆之前，向下属推荐阅读。

任正非将危机直接抛给员工和管理层。"泰坦尼克号也是在一片欢呼声中出的海。而且我相信，这一天一定会到来。面对这样的未来，我们怎样来处理，我们是不是思考过。我们好多员工盲目自豪，盲目乐观，如果想过的人太少，也许就快来临了。居安思危，不是危言耸听。"

任正非提醒祛除麻木思维，因为华为公司老喊狼来了，喊多了，大家有些不信了。但狼真的会来了。

在他看来，现在是春天，但冬天已经不远了，在春天与夏天要念着冬天的问题。IT业的冬天对别的公司来说不一定是冬天，而对华为可能是冬天。

华为的冬天可能来得更冷一些。因为华为还太嫩，经过十年的顺利发展没有经历过挫折，没有经过磨难，这是华为最大的弱点，完全没有适应不发展的心理准备与技能准备。

事实上，2000年正是美国互联网泡沫危机和欧洲3G建设泡沫的一年。他认为，网络股的暴跌，必将对两三年后的建设预期产生影响，那时电信设备制造业就惯性进入了收缩。眼前的繁荣是前几年网络股大涨的惯性结果。

在那次冬天，朗讯裁了将近一半以上的员工，北电裁了三分之二的员工，市场份额大幅下降，当时的世界五百强之一马可尼股票降到了6个先令。

而朗讯和马可尼在熬过一两个冬天后终于支撑不住，后来分别与阿尔卡特和爱立信进行了并购重组。

任正非表示，活下来才是真正的出路，普遍客户关系是差异化的竞争优势 要争取更大的市场份额和合同金额，公司规模是未来运营商合作的基础，但公司从上到下杜绝 500 强这个名词，永远不说进入 500 强，华为公司垮了再起来，再垮再兴起，才有可能。

华为当时认识到，公司是一条供应链，将来的竞争是供应链的竞争。华为供应链上要连着数百个厂家，有器件的、标准的、系统的、合同的制造商、分销商、代理商，是非常庞大的体系。这个体系要当成华为的同盟军，一件件小夹袄送来，冬秋的棉袄就够了。而华为也确实做到了第一次安全过冬。

到了 2004 年，也正是我国宏观调控严峻之年，一大批企业落马，但IT 业却是一个"暖冬"，缓解了 2000 年互联网泡沫的影响后，国内互联网企业大批奔向复苏的纳斯达克，整个 IT 行业也开始乐观起来。

2004 年有多达 9 家中国互联网公司在纳斯达克或香港成功上市。联想也在年底出手收购 IBM 个人电脑部门。

而在 2004 年三季度的内部讲话中，任正非再称，华为要注意冬天。在长达 13000 字的讲话稿中，任正非检讨、审视了华为目前遇到的严峻困难，称这场生死存亡的斗争本质是质量、服务和成本的竞争。但与上次相比，此次冬天的预告影响力有所减弱，主要是任正非更加细致地探讨华为的内部问题。

任正非进一步发展了其冬天预报的理念，他认为："我们需要把困难真实地告诉大家，如果我们没有预见未来困难的能力，我们陷入的困境就会更加严重。"

随着企业规模的进一步发展，他对熬过冬天更有信心，他甚至表示："冬天也是可爱的，并不是可恨的。我们如果不经过一个冬天，我们的队伍一直飘飘然是非常危险的，华为千万不能骄傲。

所以，冬天并不可怕。我们是能够度得过去的，今年我们可能利润会下降一点，但不会亏损。与同行业的公司相比，我们的盈利能力是比较强的。我们还要整顿好，迎接未来的发展。"

事实上，华为2004年的全球实际销售收入达到了38.27亿美元，创造该公司17年历史中最高的销售纪录。国际销售的强劲增长对华为的销售增长作出了主要的贡献。

进入2008年，华为发展进入了一个新的阶段，2007年年报显示，华为销售收入已达125.6亿美元，跻身世界通信设备商的前五强，似乎应该庆功的时刻，任正非又在第三次警告冬天。

"我们刚指望获得一些喘息，没想到又要开始更加漫长的艰苦跋涉。"华为内刊指出，华为的国际市场刚刚有了起色，所面临的外部环境却比以往更严峻。业界几次大兼并正在给华为造成压力——爱立信兼并马可尼、阿尔卡特与朗讯合并、诺基亚与西门子通信成立合资公司，一下子使华为与这些竞争对手之间已经缩小的差距又陡然拉大了。

华为总结的经验发人深思：纵观那些已经倒下的企业，固然有外力的作用，但根本原因还在于内部，在于自身生长的基因，能否保持持续的危机意识和创新精神，能否构建良好的内部机制，进而长期地保持自身的内在活力，从而为企业提供的是生生不息的长期牵引力。而冬天预警和危机意识，已经成为了华为的基因。

繁荣的背后都充满着危机。这个危机不是繁荣本身的必然特性，而是处在繁荣包围中的人的意识。艰苦奋斗必然带来繁荣，繁荣以后不再艰苦奋斗，必然丢失繁荣。

千古兴亡多少事悠悠，不尽长江滚滚流。历史是一面镜子，它给了我们多么深刻的启示。忘却过去的艰苦奋斗，就意味着背弃了华为文化。

世界上我最佩服的勇士是蜘蛛，不管狂风暴雨，不畏任何艰难困苦，不管网破碎多少次，它仍孜孜不倦地用它纤细的丝织补。数千年来没有人去赞美蜘蛛，它们仍然勤奋，不屈不挠，生生不息。

我最欣赏的是蜜蜂，由于它给人们蜂蜜，尽管它有时会蜇人，人们都对它赞不绝口。不管您如何称赞，蜜蜂仍孜孜不倦地酿蜜，天天埋头苦干，并不因为赞美就少产蜜。

胜不骄，败不馁，从它们身上完全反射出来。在荣誉与失败面前，平静得像一潭湖水，这就是华为应具有的心胸与内涵。

任正非认为，华为的发展道路不可能一直风调雨顺，狂风暴雨是一定会来的。他希望在那个时候每一个华为人都能像蜘蛛一样，不管遭遇多少挫折和打击，都不要放弃，要尽自己最大的努力"补网"。

等待危机过去；他要求华为人必须做到，在面对繁荣和赞扬时，要能像勤奋的蜜蜂一样，埋头苦干，不为得失而耿耿于怀。这种"在荣誉与失败面前，平静得像一潭湖水，就是华为应具有的心胸与内涵"的精神后来被纳入了华为的企业文化中。

管理智慧

忧患并不可怕，可怕的是有忧患而看不到忧患。没有忧患意识才是最大的忧患。作为企业要时刻想到面临的严峻形势，时刻想到面对的众多对手，时刻想到"背后有虎"，不断保持"战战兢兢、如临深渊"的常态意识。

3. 危机意识转化成了变革动力

华为公司总裁任正非的商业思想中渗透着浓浓的危机意识："10 多年来，我天天思考的都是失败，对成功视而不见，也没有什么荣誉感、自豪感，而是危机感。也许是这样才存活了 10 多年，失败这一天一定会到来，大家要准备迎接，这是我从不动摇的看法，这是历史规律。"

这种危机感并没有摧垮华为员工的信心，反而让华为走过无数险滩暗礁，使华为从一家民营小公司成长为全球第二大网络设备供应商。

"华为没有成功，只有成长"，这是任正非对华为发展的自我评估。翻看十多年来任正非记录的华为成长过程，"危机意识"贯穿他的领导生涯。

危机意识是一种领导者积聚能量的内心动力，更是一种超前的战略思维，它驱动着整个组织保持对外界刺激的敏感性，保持了一种警惕和临界状态，从而激发了华为这家大公司的活力。

任正非不断提到华为的冬天，不断提到竞争，危机意识成为一个优秀企业家思考与决策的基因。任正非在决策中的危机意识绝非泛泛而谈的危机意识，而是基于对未来先见和洞察之上的战略思考。

"对华为来说，要与国际超一流企业共舞，没有核心技术不行，否则就将受制于人，所以要做芯片；没有广泛的客户支持也不行，有市场才是硬道理，所以要做终端。尽管我们还不能断定华为一定能够通过新的思维模式打破现在的局面，但是华为开始尝试挑战这种局面本身就是一种巨大的进步。"这是任正非对未来的战略考量与忧虑，而这种忧虑是现实而实际的。

任正非的危机感随着企业发展的不同阶段，呈现不同的层次。在华为刚刚创立，公司规模比较小的时候，任正非说，我每天考虑的是华为如何活下去。所有的经营都围绕这个展开，聚焦于人才、产品、资金链等问题。

华为做大之后，任正非反复倡导打造开放、包容、公共的平台。他在2012年最近的谈话里提到华为不能闭门搞研发，一定要开放、吸收别人的优势，只做自己核心的产品和技术，创新围绕人类的价值来开展。

10多年前，华为刚刚跻身全国电子百强首位的时候，任正非看到华为的冬天——局限国内市场发展带来的企业成长危机。于是，他决定用两条腿走路，带领员工率先开拓海外市场。

10年后，华为海外收入已占到公司总销售收入的75%，已经位于世界通信业的第二位，任正非依然充满忧患意识，"华为公司若不想消亡，就一定要有世界领先的概念。我们只有瞄准业界最佳才有生存的余地。"

华为能够在动荡的环境中，实现对竞争对手的弯道超越，正是在危机到来之前，提前部署变革的结果。"华为二十几年都只做一件事，就是坚持管道战略。人只要把仅有的一点优势发挥好了就行了，咬定青山不放松，一步一步就叫步步高。"任正非这样说。

现在是春天吧，但冬天已经不远了，我们（要）在春天与夏天要念着冬天的问题。我们可否抽一些时间，研讨一下如何迎接危机。

IT业的冬天对别的公司来说不一定是冬天，而对华为可能是冬天。华为的冬天可能来得更冷、更冷一些。（因为）我们还太嫩，我们公司经过十年的顺利发展没有经历过挫折，不经过挫折，就不知道如何走向正确道路。

磨难是一笔财富，而我们没有经过磨难，这是我们最大的弱点。我们完全没有适应不发展的心理准备与技能准备。

危机并不遥远，死亡却是永恒的，这一天一定会到来，你一定要相信。从哲学上、从任何自然规律上来说，我们都不能抗拒，只是如果我们能够清醒地认识到我们存在的问题，我们就能延缓这个时候的到来。

危机的到来是不知不觉地，我认为所有的员工都不能站在自己的角度立场想问题。如果说你们没有宽广的胸怀，就不可能正确对待变革。

在这些观点提出的同时，任正非加快了华为内部整理、业务流程、供应链等环节的改革。他的这些讲话既为这些变革运动提前做好思想准备工作，也为华为未来将向何方（职业化、国际化）提出了明确的方向。

在部分华为人不理解甚至出走的种种压力下，华为逐渐建立起了一套规范化的运作流程和管理体制，2001 年，他发表华为冬天的讲话时，就意识到华为不能只靠单一、纵深的产品打开市场，华为必须由单一通信产品如交换机、路由器向整个 IT 网络产品供应商进行转变。

在深圳周边的一些电子厂商专注于产品竞争时，华为确认"以客户价值为核心"的增长方式，大手笔投入研发，专注于科技研发和技术领先，改变了华为后来的竞争态势和方向。

20 世纪 90 年代末，大多数中国企业在国内市场上进行蓝海竞争的时候，任正非已将华为发展视角放到海外，全面推动华为的国际化。经过十多年的奋斗，华为如今实现了跨国公司版图。华为的转型和领导者的素质有直接关系。

今天当我们回头去看任正非的"萎缩、破产是一定会到来的"时，不得不惊叹于他惊人的预见力和顽强的毅力。

在企业变革史上，英特尔在 20 世纪 80、90 年代的观点由当时的总裁安迪·格罗夫引领了第一次战略转移，放弃了自己开辟的存储器市场，专心开发微处理器。这种壮士断腕的壮举最终使英特尔走出了困境，进入了一个"给世界一个奔腾的心"的伟大时代。而英特尔这次改革是在公司面临着分崩离析的危机时不得不为之的解救措施。

另一家以变革闻名的国际企业 GE，同样也是在 20 世纪 80、90 年代，时任公司总裁的杰克·韦尔奇对运作正常的 GE 开始动手术，他将原来 8 个层次的管理机构砍剩 4 个，为此撤换了部分高层管理人员。他还砍掉了公司 1/4 的旗下企业，将 GE 从一个日益老化的工业制造商转变成一个经营多样化的全球性生产巨头。

与以上这两家企业相比，华为是选择在公司风调雨顺的时候开始改革，所以任正非比安迪·格罗夫要经受更多的来自公司内部的质疑，而较之于杰克·韦尔奇则需要更多依靠任正非个人的领导魅力加以引领，因为当时的华为尚未达到 GE 那样的规范化运作，对于改革抗拒的阻力也就更大一些。

所幸，任正非既具预见"华为的冬天"的远见力和敏锐力，同时也具备推行改革的决心和毅力，在一大批华为功臣的质疑声中开始了轰轰烈烈的改革之路。

当真正的 IT 的冬天到来之时，华为已经能够坦然而从容地迎接"冬天"，甚至还将"冬天"作为企业进一步成长的良机。

从这一点来说，任正非早已具备了作为一个企业领袖所必需的预见力和改革力，虽然自 2000 年任正非本人开始退居幕后，但是他的精神和管理思想较之 2000 年之前更深入人心，完成了一个企业家从思想上对企业的至高领导。

华为的发展不仅为我们树立了榜样，而且令对手胆寒。任正非的危机意识不仅可以警示团队，防止团队注意力和战斗力下降，而且为团队指明战略方向，驱动企业持续变革和创新。

在芯片战略上，任正非强调要坚持自主创新，在使用高通、德仪等国外厂商的高端芯片外，华为要自主研发芯片做战略防御之用。华为的做法是后来居上者不得不做的现实选择，即先跟随，后创新，再超越。

国际化的竞争局面会有许多意外的情况发生，企业领导层必须时刻警惕着，自己少犯或不犯错误；时刻准备着，等到对手犯错时一招制胜。

华为的变革已经取得了初步的成效。2012 年上半年，全球经济不景气导致电信运营商大幅缩减投资，电信设备商哀鸿一片。不过，华为却成为唯一的亮点，其上半年销售收入 1027 亿人民币，同比增长 5.1%，首次超越爱立信。

华为国际化的挑战实质上是领导力的挑战，到一个国家去，激励当地员工把自己的潜质充分发挥出来。任正非对华为来说是一个灵魂式的企业领袖，华为未来能否基业长青，不仅仅靠任正非的个人意志，更需要靠制度、文化和现代企业上层的治理结构来保驾护航。

✏ 管理智慧 ⋅

　　危机意识是一种领导者积聚能量的内心动力，更是一种超前的战略思维，它驱动着整个组织保持对外界刺激的敏感性，保持了一种警惕和临界状态，从而激发了企业的活力。

4. 为过冬准备好棉袄

据华为官方数据显示，2005 年，华为实现合同销售额 82 亿美元；2006 年，华为实现合同销售额 110 亿美元，其中 65% 的销售额来自国际市场。

华为的销售额年年大幅度增长，新员工不断加入，企业不断扩大，外界很多人都认为，这是华为最好的时光。

在任正非眼中，没有什么最好的时光，他总能时刻清醒地看到未来有什么危机，并积极采取防范措施。

虽然华为在 2006 年取得了很好的销售业绩，但任正非却道"电信业正在变穷"，他看到全球电信设备市场业绩虽然保持增长，但电信设备的价格却呈快速下降的趋势。

从 2004 年到 2005 年，GSM－BSS 和 CDMA－BSS 的用户价格平均下滑了 44%，宽带接入的下滑速度虽然没有电信设备的快，但也平均每年下降 29%，这样的价格，让运营商的日子很难过。

"自创立那天起，我们历经千辛万苦，一点一点地争取到订单和农村市场；另外，我们把收入都拿出来投入到研究开发上。当时我们与世界电信巨头的规模相差 200 倍之多。通过一点一滴锲而不舍的艰苦努力，我们用了十余年时间，终于在 2005 年，销售收入首次突破 50 亿美元，但与通信巨头的差距仍有好几倍。最近不到一年时间里，业界几次大兼并：爱立信兼并马可尼，阿尔卡特与朗讯合并、诺基亚与西门子合并，一下子使已经缩小的差距又陡然拉大了。我们刚指望获得一些喘息，直一直腰板，拍打拍打身上的泥土，没想到又要开始更加漫长的艰苦跋涉……"任正非在《天道酬勤》中这样写道。

任正非警告华为的员工，不要沉溺在眼前的盈利和短暂的发展中，要将目光放长远，他说道："10 年来我天天思考的都是失败，对成功视而不见，也没有什么荣誉感、自豪感，而是危机感，也许这样才存活了 10 年。"

这种危机感的存在，令任正非总是能看得更长远。及时发现企业发展中的缺陷和不足，所以他也总是能够领先别人一步。

《左传》中说道："居安思危，思则有备，有备无患。"在现如今越来越激烈的市场竞争中，优胜劣汰是所有企业的游戏规则，企业想要立于不败之地，管理者一定要有危机意识，能够居安思危。

很多企业在发展壮大之后，就认为自己在行业中能够长足发展，缺乏了对竞争环境变化的意识，危机来了也没有发觉，最后发展的动力被削弱。

任正非能够在华为的春天中看到华为即将要迎来的冬天，他始终处于警觉状态，不会丧失危机意识，任正非认为华为人应该有"每天继续改进"的欲望，每个部门的人都要不断完善自己，看到市场发展的潜力，要不断学习，不要认为自己现在的成就就可以令自己安享一辈子了。

任正非笃定地认为，成功只是过去的阶段性胜利，不能说明一切，在思想中要永远保持艰苦奋斗的思想传统，才能在更远的未来获得更大的成功。

可以说，任正非寻找可以预防危机、化解危机的良方的旅程是没有止境的。在 2001 年，他又一次踏上了寻访日本企业如何平稳"过冬"的奥妙的旅程。

华为经历了十年高速发展，能不能长期持续发展，会不会遭遇低增长，甚至是长时间的低增长；企业的结构与管理上存在什么问题；员工在和平时期快速晋升，能否经受得起冬天的严寒；快速发展中的现金流会不会中断，如在江河凝固时，有涓涓细流，不致使企业处于完全停滞……这些都是企业领导人应预先研究的。

华为总会有冬天，准备好棉衣，比不准备好。我们该如何应对华为的冬天？这就是任正非在日本时时思索和讨论的话题。

"二战"后的日本曾经历了长达 30 年的持续高速增长，并在 20 世纪 70 年代发展成为全球经济大国。但是从 20 世纪 80 年代开始，日本经济增长速度明显减缓，从 20 世纪 70 年代的 10% 以上的年均增长率下降到了 4%，进入 20 世纪 90 年代之后，日本经济增长率更是降到了不足 2%，从此日本经济进入了被美国的日本经济专家卡茨称之为的"迷惘的十年"。

对于日本经济的十年沉沦，任正非这样分析：

日本企业面临的三种过剩，沉重地压在企业的头上，使之调整困难。这三种过剩是雇佣过剩、设备过剩和债务过剩。这三种过剩的调整，涉及机构改革、结构及产业重组，向发展知识创新产业过渡，以及培养核心经营能力和向速度经营的转变。过去的日本企业体制，束缚了这种转变，使之困难重重。

随着日本企业长时间不吸收新员工，员工平均年龄逐步增大，人才结构由宝塔形转向纺锤形，优秀的人才少，新生力量少，年龄大的一般员工多，使企业缺少活力，而且工资成本较高。由于人才的流动减弱，职位相对凝固，使创新明显不足。

日本企业的内部改革滞后，国内企业竞争不激烈，企业内部员工也缺少必要的竞争。促使企业改革的内因、外因，并没有因为经济不景气而凸显。日本企业完全靠自身力量实行较大的改革，十分困难。

如前所述，日本是一个治安很好、生活很舒适、稳定的国家，尽管八年未涨工资，但并未足以威胁消费，人们比较安于现状的生活，日本人连留学都很少出去。这种安定，也不利于迫使企业痛下决心进行改革。

尽管他们已废除了年功序列制、终身雇佣制，加强了绩效考核，日本企业现在内部也开始进行改组，重新划分结构，从一个大公司什么都干，逐步收缩到几大领域，然后这几大领域财务独立，共同品牌，使核算目标清晰化等，但观念和文化的惯性使这种变革的努力见效不大。

经过苦苦挣扎之后，日本企业开始意识到，这种种困难汇总起来，其实就是一个问题，即他们正在面临的最大的困难在于没有核心竞争力，而不是什么业务可以做，什么业务不可以做。

从 2000 年开始，日本开始着手改革，除了推行员工持股制度，激活和推动员工之间和企业之间的相互竞争，日本政府还介入企业，决定在 2003 年之前处理完不良债务，把 33 兆亿日元的债务从银行买过来，实行小政府，确立地方分权；进行税制改革，降低所得税，提高消费税。

与此同时，日本也对教育实施了改革，改变过去的平均教育法，采取因材施教的分类教育政策，开发人的潜能，提高年轻人的创造力。

改革社会保障制度，引进美国的社会保障制度。加强 IT 建设，以信息化带动工业化。为企业的进一步发展打下基础。

任正非此次的访问，正是日本经济的复苏时期，但尚未完全恢复。不过，日本社会治安之好，街道之整洁，人民之乐观、敬业，让任正非感受颇深，他相信：日本一旦重新起飞，这样的基础一定使其一飞冲天。

然而，任正非思考的是：华为若连续遭遇两个冬天，也像一些日本企业一样几年不涨工资，华为人是否还会平静，沉着应对，克服困难，期盼春天？

任正非由此想到，如果华为的增长速度大幅减慢，日本企业的三种过剩（雇佣过剩、设备过剩和债务过剩）都将在华为出现。没有及早地认识和充分的思想准备，就会陷于被动。

因此，任正非在《北国之春》中着重提出，如果华为也遇到日本企业所遭遇的这一切，该怎么办？他这样写道：

只要我们不断地发现问题，不断地探索，不断地自我批判，不断地建设与改进，总会有出路的。就如松下电工昭示的救冰海沉船的唯有本企业员工一样，能救华为的，也只有华为自己的员工。从来就没有什么救世主，也没有神仙或皇帝，要创造美好的明天，全靠我们自己。

冬天总会过去，春天一定会来到。我们趁着冬天，养精蓄锐，加强内部的改造，我们和日本企业一道，度过这严冬。我们定会迎来残雪消融，溪流淙淙，华为的春天也一定会来临。

与当年美国之行有所不同的就是，此次任正非要寻找的，是如何引领华为人面对挫折与困境，以及为了安然度过冬天所必需的精神和信念。

管理者应该为员工准备好过冬的棉衣，这样在"冬天"袭来时，员工才不会措手不及，任正非认为企业的发展不会是一帆风顺的，在不同的阶段会有不同的考验，管理者要提升自己的危机意识，这样才能在考验来临时，及时应对。

不论企业发展得有多大，也不论企业发展了多少年，管理者要清醒地认识，生存是非常重要的事情，为了企业能够生存下去，管理者必须时时打起精神来。

任正非认为每个管理者要不断挑战自己，少一些抱怨，多一些分担，和公司一起奋斗，而不是逃避责任，不敢担当。

✎ 管理智慧 ✐

成功只是过去的阶段性胜利，不能说明一切，在思想中要永远保持艰苦奋斗的思想传统，才能在更远的未来获得更大的成功。

5. 活下来才是真正的出路

2003年，全球最大网络设备公司思科（Cisco）在美国控告华为侵犯知识产权，起诉书多达70页，赔偿金额是个会让华为从此在地球上消失的天文数字。

当时华为已经逐步走出海外，把产品卖到美国与世界各地。一个产业龙头向当时才冒出头的华为宣战，道理很简单，意识到华为技术、价格双双威胁，如果不铲除，将会是可怕的后患。思科的眼光很精准，华为的确在10年后成为其如芒刺在背的对手。

任正非一路低调，思科这一仗，仿佛亮剑，宝剑一出鞘就已被看见，再也收不回来，只好一路向前冲。与思科的诉讼最后无疾而终。

思科所提出的证据，没有一样能让美国法院起诉华为，反倒让华为一夕之间在全球声名大噪，所有人都知道，华为就是思科头号敌人。

"这给我们省下了几十亿美元的宣传费，"任正非说。也是从那一年开始，华为大举进军海外市场，海外营收占比，一路从10%以下，跃升到超过70%。

"10年来我天天思考的都是失败，对成功视而不见，也没有什么荣誉感、自豪感，而是危机感。也许是这样，才存活了10年。"说这话的，是世界五百强企业、全球通讯产业界龙头，华为创办人任正非。

自华为成立之日起，任正非就变成了一个怕死的人，华为就成为一个怕死的公司，'活下来'成为华为最低，也是最高的战略目标，"任正非好友，《活下去，是最大的动力！》作者田涛说。

怕死，是对于环境随时充满危机感。出身贫寒、家中有七个兄弟姊妹的任正非，幼年时连一个白面馒头都吃不起。高中时文革爆发，眼睁睁目睹担任高中校长的父亲被绑在高台上拳打脚踢的批斗。

他在《我的父亲母亲》一文中回忆："爸爸怕我受牵连，影响前途，脱下一双皮鞋给我，要我回重庆继续念书，临走前对我说：'记住知识就是力量，别人不学，你要学！''以后有能力要帮助弟弟妹妹'……"这些经历，让他日后像狼一样，一方面，对成功怀抱巨大的饥饿感，一方面又对环境随时充满警戒。

他敢闯！从外商不屑的市场切入"乡村包围都市"，"不要脸才能进步"任正非创业的年代，中国的电话普及率比非洲还低，1000家通讯相关厂商无一有自主研发能力，只能做贸易代理，整个电信市场被欧美日七家跨国企业霸占，想在家里装个电话，得花上人民币5000元，等上9个月。

创业之初，50多个研发人员挤在一间破旧的办公大楼，吃住生活都在一起。床垫挨着床垫，与厨房、办公桌都在同一层楼。

包含任正非在内，所有人都没日没夜地工作，累了就直接躺在垫子上眯一下，醒来继续做事，每人每天工作时间至少16小时以上，甚至有工程师累到眼角膜都掉了，形成华为强调艰苦奋斗的"垫子文化"。

"不拼，就活不下去！"华为第5号员工、现任轮值CEO郭平回忆，当年任正非天天站纸箱上对着全公司员工精神喊话："每周工作40个小时，只能产生普通的劳动者，不可能产生科学家、工程师，更不可能完成产业升级！""20年后，全球通信产业三分天下，华为有其一！"

狂言发过了，还是得面对现实。东西做出来了，卖给谁？北京、上海等大城市是七国联军的天下，根本没有切入的空间。军人出身的任正非只好采用当年毛泽东的战术"乡村包围都市"，从外商不屑进入的边疆地带与小企业着手。

于是，海拔 4500 米以上的西藏高原、摄氏 45℃度高温的新疆沙漠等地，都有华为员工的足迹。用低价与竭尽所能的服务换取市场，连任正非自己也提着产品，到处跑客户。他常说："不要脸才能进步！"意思是，要放下自尊去挨客户指责，从中学习成长，不断鞭策自己向前。任正非无时无刻不害怕着失败，甚至两度得过忧郁症！

1992 年，华为营收突破人民币 1 亿元，任正非却毫无喜悦，他在该年的年终大会上只说了一句"我们活下来了"，就泪流满面到无法继续。研发有如一个无止尽的黑洞，不断吸干赚来的钱，边疆区域与小企业带来的现金流，远远不够支付打入二、三级城市。

根据 IBM 顾问提交给他的分析报告，当时华为的订单即时交货率仅50%，而国际顶尖企业的平均水准是 94%；库存周转率一年 3.6 次，同样远低于国际平均水准的 9.4 次。整体来说，华为的供应链管理仅发挥了20% 的效能。这个数字让任正非大为震惊："原来我们这么'浪费'！"

他敢变！选在顺风时转型，导入西式管理。不合脚就削足适履，为了改革他不惜砸下 5 年 5000 万美元费用，聘请 50 位 IBM 顾问长期驻点华为，全面导入 IBM 的管理制度。在那个年代，这笔钱足够让王石、潘石屹等房地产商在北京上海炒作 20 栋楼。

习惯打游击战的中国员工无法接受制度化的西方管理模式，纷纷反弹，抗议"外国那一套不适合我们！"但任正非坚持："我们是买一双美国鞋，不合脚就削足适履！"

他在给员工的内部刊物上写道："我们一直在摸着石头过河，迟早有一天掉到河里……华为还像是个娃娃，幼稚得很，IBM 已站在世界级的高度，一定要向他们学习！""世界上最难的就是革自己的命……"

长期研究华为、长江商学院院长项兵指出，大部分的企业都是等到危机发生才会产生动力或被迫改革，像华为这样，在顺风时会想要大刀阔斧的变化，"不要说在中国，连全世界都很罕见"。

他们对失败的害怕很强烈，求知的欲望又很饥渴，永远在问"世界第一流是怎么样做的"。任正非总是在春天的时候喊冬天，当真正遭逢危机时，他又能看到黑暗中的曙光。"通讯产业就像一场打不完的战争，你得拼命往上游，才能呼吸到一点新鲜空气。"任正非说。

恐惧造就伟大，如果没有与你成长所相伴随的那种不安全感，那种始终追随着你的不安的影子，在一个猝不及防的打击面前，你的安逸，你对危险的麻木，会导致组织快速地崩溃掉。

我们生存于一个丛林世界，每一天，每一时，每一刻，实际上都在被危险所包围着。如果你不始终保持对危险的警觉，变得麻木、麻痹，危险可能就会悄无声息地由一个黑点变成黑影，由一个黑影变成巨大的威胁，笼罩在头上，所以，战胜恐恐惧、战胜不安全感的过程，其实就是企业走向成功的过程。

就这样一个"怕死"的领袖，靠着如狼般的敏案嗅觉与对环境的危机意识，创造了一家让全世界都害怕的企业。

管理智慧

因为害怕失败，他得要不断思考，以及预测未来的发展，未雨绸缪。在一个猝不及防的打击面前，你的安逸，你对危险的麻木，会导致组织快速地崩溃掉。

6. 时刻注意到这种距离感

"木桶理论"是人们非常熟悉的理论，讲的是一只木桶能够装多少水，是由木桶壁上最短的木板决定的，而不是由最长的木板决定。

这个理论多被应用于企业管理中，用木桶比喻企业，组成木桶的不同木块就是企业中的员工。按照"木桶理论"讲的那样，决定企业发展优劣的不是企业中非常优秀的、出类拔萃的人才，而是企业中薄弱的环节和表现不好的员工。

任正非认为在华为的管理中，也存在"木桶"问题。对于华为来说，"最短的木板"就是企业发展的劣势，想要在经营竞争中取胜，就要平衡各个木板的长短，不能让短板影响企业的发展。所以，在 2001 年管理十大要点的发言中，任正非强调了"均衡发展"将作为华为管理任务的第一个要点。

在从日本考察回来之后，任正非写了《北国之春》。在文章中，任正非再次提到了华为管理上的短板问题：

华为组织结构的不均衡，是低效率的运作结构。就像一只桶装水多少取决于短的那块木板一样，不均衡的地方就是流程的瓶颈。例如，我们公司初创时期饥寒交迫，等米下锅。

初期十分重视研发、营销以快速适应市场的做法是正确的。活不下去，哪儿来的科学管理。但是，随着创业初期的过去，这种偏向并没有向科学合理转变，因为晋升到高层的干部多是来自研发、营销的干部，他们在处理问题、价值评价时，有不自觉的习惯倾向，以使强的部门更强、弱的部门更弱，形成瓶颈。

有时一些高层干部指责计划与预算不准确，成本核算与控制没有进入项目，会计账目的分产品、分层、分区域、分项目的核算做得不好，现金流还达不到先进水平……"

但如果我们的价值评价体系不能使公司的组织均衡的话，这些部门缺乏优秀干部，就更不能实现同步的进步。它不进步，你自己进步，整个报表会好？天知道。这种偏废不改变，华为的进步就是空话。

意识到企业管理中存在的问题，就要不断努力弥补，任正非不断学习各种先进的管理经验，坚持推行均衡发展的管理思想，通过不断增强企业能力，加强了企业在外部的竞争力。

优秀的管理者一定要总结错误，发现自己与别人的距离。人无完人，没有一个管理者是足够优秀的，都会有做得不到位的地方，这个时候，就需要管理者调整状态、总结经验了。

从1992年开始，任正非开始频繁出国访问，他前后多次到过美国、日本、俄罗斯、德国、法国等国家。他去过美国的波士顿、纽约、费城、达拉斯、拉斯维加斯、圣克拉拉（位于硅谷）、洛杉矶等城市，还参观了国际电脑展，考察了TI（德州仪器）、NS（国家半导体）等知名企业。

丰田是世界十大汽车工业公司之一。丰田之所以能够做到这么好的成绩，其中一个重要的因素就是丰田的管理者一直懂得自我反思，能看清自己企业与别的企业之间的距离，然后思考战略改进。

在丰田汽车生产中心，管理者给了工人一个权利，就是发现问题"拉灯"的权利，这样做能够随时提醒产品存在潜在的问题。如果不能及时解决这些潜在的问题，丰田就会停止整条生产线。丰田的管理者将发现问题的权利赋予到了每一个工人身上，每个丰田的成员都可能成为问题的发现者。

在每个成员的监管下，丰田自然会及时发现错误，并及时改进，这就是丰田越做越强大的原因。很多企业的管理者认为自己的企业就是业内数一数二的，足够厉害，可以高枕无忧了。但其实竞争每天都存在，一日的松懈，就会造成日后无法追赶的差距。

伴随着华为走向海外市场，任正非接触到的外国企业也越来越多，而华为与这些企业之间的巨大的差距也让任正非感到了强大的压力和危机。

1994—1995 年，任正非先后访问了阿尔卡特设在法国北部的工厂，以及德国西门子公司，他们先进的生产技术水平和员工的敬业精神，使任正非受到了很大的触动。由此，他提出了对华为明天的憧憬，即"阿尔卡特的今天就应该是我们的明天"，并希望华为人也能有德国人那种耐心和细致。

这一时期，华为在国内市场上大踏步前进，开始投入商用的 CandC08 机在国内迅速打开市场，成为了中国广大农村通信市场的主流设备之一。

1995 年，华为北京研究所决定负责数据通信业务，逐步形成了"技术华为"的经营战略。可以说华为当时在国内的发展势头大好。然而对于任正非来说，他在周游世界的过程中清楚地看到华为与国际竞争对手的巨大差距，所以华为在国内取得的这些成就自然并不能让他感到欣喜。

1996 年 6 月，在一次庆功大会上，任正非作了讲话，他要求华为人在庆祝胜利的同时也认清自己的实力，找出差距，完善公司管理。他的讲话后来被收录在一篇名为《再论反骄破满，在思想上艰苦奋斗》的文章里。任正非这样说道：

当前，我们就要认真地总结经验、教训，及时地修正，不断地完善我们的管理。当我们发展处于上坡阶段时，要冷静正确地看自己，多找找自己与世界的差距。

我们的竞争伙伴04机、大唐、中兴都有十分明显的进步。04机市场的覆盖面比我们大，中央对他们也比较支持；大唐有着十所十来年国家级科研打下的底子，在科研的深度上、广度上都得天独厚，他们对电信的系统认识比我们深刻；中兴公司与我们同处深圳，朝夕相处，文化比较相近。

中兴在"做实"这个方面值得我们基层员工好好学习。华为在"做势"方面比较擅长，但在做实方面没有像中兴那样一环扣一环，工作成效没有他们高。

任正非认为国内竞争对手也有很大的优点，而且他们进步的速度也很快，华为应该学习他们的优点，弥补自己的缺点。当然，与国际对手相比，华为需要学习的地方就更多了。任正非最后总结说：

与国际著名公司相比，我们还缺少可比性。在国际市场的竞争中已明显地暴露了我们的弱点。外国公司的人评述，你们的设备很好，但太年轻，缺少国际经验。

我们的队伍年轻，敢想敢干，在局部上突破一些技术的前沿，取得了进入国际市场的资格，但面对国际复杂网、多网合一，我们年轻的队伍是否受得了？看看世界，比比自己，还需要百倍的努力。

在这一次讲话中，任正非首次提出了"按销售额的10%拨付研发经费"，为的是能更好地拓展明天的市场。

任正非还提出，华为必须进行第二次创业活动，从企业家管理向职业化管理过渡。其中一项重要内容就是出台《华为基本法》，并使之成为华为公司在宏观上引导企业中长期发展的纲领性文件。任正非希望通过《华为基本法》，提升每一位华为人的胸怀和境界，提升他们对大事业和大目标的追求。

1997年底，任正非再次到美国访问。这一次访问让任正非产生很多感慨：IBM 是昔日信息世界的巨无霸，却让一些小公司"作弄"得几乎无法生存，以至 1992 年差点解体。

为了解除困境，励精图治，IBM 重新走上改革之路，同时付出了巨大的代价。曾经受联合国工作人员致以敬意的王安公司，从年销售额 35 亿美元，到现在已经消失得无影无踪了。创立个人电脑的苹果公司，也几经风雨飘摇。

任正非由此意识到，信息产业可谓变幻莫测，像微软、戴尔等一批批的小企业成长为参天大树，而像王安等一些大企业却遭雷劈。不断的生与死其实是信息产业企业的常态。在这个行业中，如果不能有效地管理和不断的创新，即使是再强大的大企业也有可能在一夜之间灰飞烟灭。

从 1997 年以后，华为加大了管理改革的力度，将实现公司管理职业化、IT 化作为头等大事来抓，开始了华为艰难的蜕变之旅。

就像任正非说的那样："人是有差距的，要承认差距的存在。一个人对自己所处的环境要有满足感，不要不断地攀比。你们对自己付出的努力没有满足感，就会不断地折磨自己并痛苦着，真是身在福中不知福。这不是宿命，宿命是人知道差距后而不努力去改变。"

企业的管理者应当时时刻刻注意到这种距离感，随时做出战略调整，以便拉近自己与其他企业之间的距离。企业管理者的这种居安思危，不仅能帮助企业确立正确的战略目标，还能帮助企业的管理者制定出更加适合企业发展的方案，所以，每个管理者都不要在自己的企业内埋头苦干，也要放眼市场，这样才能令企业立于不败之地。

管理智慧

没有比较，没有走向更广阔的天地，就很难认清自我。对一个国家是这样，对一个企业也是同样的道理。

7. 危机意识要传递到每一个人

伊索寓言里有一则这样的故事：有一只野猪对着树干磨它的獠牙，一只狐狸见了，问它："现在没看到猎人，为什么不躺下来休息享乐？"野猪回答说："等到猎人和猎狗出现时再来磨牙就来不及啦。"

可见，动物界亦有危机意识。一定意义上讲，不管对公司还是个人，危机意识是医治一切疾病的最好良药。

微软之所以能雄霸天下，最重要的一点就是具有强烈的危机意识，比尔·盖茨的一句名言就是"我们离破产永远只有 90 天"。闻名于世的波音公司，为了增强员工的危机意识，别出心裁地摄制了一部模拟公司倒闭的电视片。

该电视片的主要内容是在一个天空灰暗的日子里，波音公司高挂着"厂房出售"的招牌，振聋发聩的扩音器里传来"今天是波音公司时代的终结，波音公司已关闭了最后一个车间"的通知，员工们一个个垂头丧气地离开了工厂……

没想到该电视片在员工中产生了巨大震撼，强烈的危机感使员工们以主人翁的姿态，努力工作，不断创新，使波音公司始终保持了强大的发展后劲。

波音公司的这种做法对所有企业员工都有着深刻的启示，那就是：一个企业要想在激烈的市场竞争中永远立于不败之地，企业上下必须要有危机意识。

海尔也用实践证明了这一点。早在 1984 年，海尔集团总裁张瑞敏，当着全体员工的面，将带有质量问题的近百台电冰箱当众砸毁，使员工产生了一种危机感与责任感，由此创造出了一套独具特色的海尔式产品质量和服务，创造一个不同于其他企业的生存理念——"永远战战兢兢，永远如履薄冰"。以永远的忧患意识追求永远的活力，实现海尔的螺旋式上升。

就是这种强烈的忧患意识和危机意识，时刻激励着每一名职工不断进取、不断创新，这也是海尔打开成功之门的钥匙。

由此，我们发现，在每一个成功企业的背后，必定有一位充满忧患意识的领导者。在胜利的欢呼声里他最关心的不是企业获得了多么大的成功，而是殚精竭虑，思考企业离危机到底还有多远，如果企业面临那样的时刻该怎么办？

日本著名企业家松下幸之助在总结松下电器的成功经验时，强调：长久不懈的危机意识是使企业立于不败之地的基础。任正非深以为然。他认为，失败这一天是一定会到来的，大家要准备迎接。即便不能避免这种危机，至少可以最大限度地避免企业受损。

因此，华为需要的，不仅仅是决策层、管理层和个别部门具有危机意识，还必须加强对员工危机意识的强化与培养。

为了达到强化员工危机意识的目的，任正非甚至将这一点作为一项战略纳入企业的发展规划中。在 1998 年出台的《华为基本法》中，有这样一条内容："为了使华为成为世界一流的设备供应商，我们将永不进入信息服务业。通过无依赖的市场压力传递，使内部机制永远处于激活状态。"

这一点在讨论会上曾引起了激烈的争论，当时多数人的意见是，信息服务不仅可以促进企业有形产品的销售，而且它本身也具有很大的市场空间，甚至可以超过所谓传统的硬件设备收入。有人还举出了 IBM 这样国际领先的 IT 企业同时提供信息咨询服务的例子，来阐述华为没有必要限制自己潜在的发展机会。

任正非却以他过人的说服力和超乎常人的视野，最终说服了大多数人。他这样解释这一观点：

我们把自己的目标定位成一个设备供应商，我们绝不进入信息服务业就是要破釜沉舟，把危机和压力意识传递给每一个员工。

进入信息服务业有什么坏处呢？自己的网络、卖自己产品时内部就没有压力，对优良服务是企业的生命理解也会淡化，有问题也会互相推诿，这样下去，企业是必死无疑了。

在国外我们经常碰到参与电信私营化这样的机会，我们均没有参加。当然我们不参加，以后卖设备会比现在还困难得多，这迫使企业必须把产品的性能做到最好，质量最高，成本最低，服务最优，否则就很难销售出去。

任何一个环节做得不好，都会受到其他环节的批评，通过这种无依赖的市场压力传递，使我们内部机制永远处于激活状态。这是置之死地而后生，也许会把我们逼成一流的设备供应商。

蒲松龄有副非常出名的自勉联曰："有志者事竟成，破釜沉舟，百二秦关终属楚；苦心人天不负，卧薪尝胆，三千越甲可吞吴。"

上联用的是项羽破釜沉舟、大破秦兵的典故，说明做事要有项羽那种拼搏到底、义无反顾的决心；下联用的是越王勾践卧薪尝胆、灭吴雪耻的典故，表示要学越王勾践刻苦自励、发愤图强的毅力。于是，后世常有许多在逆境中自强不息的人用这副对联来激励自己，表示下定决心，义无反顾。

任正非要求每一个华为人也要做到"破釜沉舟""卧薪尝胆"，只有将自己置身于危险的境地，时常不忘通过反省来提醒自己，华为才能因来自竞争的压力而无比专注地不断提升自己，才能在强者如云的国际市场竞争中得以生存，并最终成长为世界级的企业。

通过《华为基本法》，任正非将危机意识融入到华为的企业文化中，让员工无时无刻都能感受到一种山雨欲来的紧张气氛；引导员工不要只看着国内，而要向国际竞争对手看齐，从而达到遏制部分员工和管理人员因公司高速成长而滋生的盲目乐观情绪。

与此同时，华为发动了一次震惊业界的群众运动——市场部领导集体辞职大会，让员工意识到自身在企业内面临的危机，并在具体管理手段上加强危机意识管理。

1995 年，由于华为在 CandC08 交换机上的技术突破，其产品开始向市场大面积渗透。当年华为的年度销售额达到了 15 亿元，进入了高速发展阶段。这个时候，公司管理水平低下的问题逐渐暴露出来，成为制约华为继续发展的瓶颈。

当时华为面临的也正是大多数中国企业经历过的：创业期涌现的一批个人英雄，他们的职位越升越高，工资只能越升越高。但是越往上公司所能提供的发展空间越小，于是一方面，一些元老开始丧失了创业时的激情，人浮于事。而另一方面，这些创业元老们领导下的员工也有很大意见，工作积极性受到了很大影响。

任正非认为，必须让大家全部"归零"，并通过竞聘上岗，有能力的继续上，没能力的，跟不上形势需要的，转换岗位或下岗，既能体现出用人管理上的"公平"，又能给各岗位上的华为人敲响警钟。

1996 年 2 月，由分管市场的华为副总裁带领 26 个办事处主任同时向公司递交了两份报告——一份辞职报告；一份述职报告。由公司视组织改革后的人力需要，决定接受哪一封。而任正非在会上称："我只会在一份报告上签字。"

在此之前，任正非又专门作了动员讲话："为了明天，我们必须修正今天。你们的集体辞职，表现了大无畏的毫无自私自利之心的精神，你们将光照华为的历史！"

华为整训工作会议历时整整一个月，接下来就是竞聘上岗答辩，公司根据个人实际表现、发展潜力及公司发展需要进行选拔。包括市场部代总裁毛生江在内的30%的干部被调整下来。这种野火般激烈的调整方式虽颇受争议，但在当时确实达到了任正非所想要的效果。

2000年1月，任正非在"集体辞职"4周年纪念讲话中，对市场部集体辞职事件给予了高度的评价：

市场部集体大辞职，对构建公司今天和未来的影响是极其深刻和远大的。任何一个民族，任何一个组织只要没有新陈代谢，生命就会停止。

如果我们顾全每位功臣的历史，那么就会葬送公司的前途。如果没有市场部集体大辞职所带来的对华为公司文化的影响，任何先进的管理、先进的体系在华为都无法生根。

从某种意义上说，任正非有着"偏执狂"般的执着，他希望通过强大的防范力，将市场压力持续地传递下去，使华为内部机制永远处于激活状态，永远保持灵敏和活跃。

他坚信一个人或一个公司永远像野猫一样，处于被激活状态比什么都重要。唯有这样，华为才能活下去，进而才能在国际市场上迅速成熟和成长起来。

对于企业来说，不管是"战功卓著"的企业领导，还是技术上领先一流的科技功臣，或者是资金充足、社会关系多，其危机意识都不可或缺。

明智的管理者总是能够居安思危、正本清源、建立预警机制，防患于未然。

从一定意义上讲，只有牢固树立危机意识才能真正避免危机。昨天的辉煌不应是今天的资本，今天的赢家也不一定就是明天市场角逐中的王者。

管理智慧

有了危机意识，就能激励员工奋发图强、防微杜渐，想方设法防患于未然，拒危机于千里之外。即使哪一天危机不可避免地发生了，由于准备充分，也能挽狂澜于既倒，将损失降低到最低程度，转危为安，化危险为机遇，保持企业昌盛发展。

8. 只有安静的水流才能走得更远

任正非 1982 年从部队转业，1988 年借来两万元人民币在深圳创立华为技术公司。他选择走技术自立、发展高新技术的实业之路，与业界巨头一争高下。

20 年时间把华为打造成全球第二大电信设备制造商和服务商，并跻身世界 500 强，成为中国高科技企业的标杆，华为所走过的路正在成为众多中国企业学习的经典教材。

在任正非的带领下，22 年来，华为一路高歌猛进，创造着各种各样令人瞠目结舌的神话。然而任正非却始终保持着"神龙见首不见尾"的神秘色彩，他是当今中国最低调的企业家。

任正非从 1988 年创办华为至今，从没接受过任何媒体的正面采访，从不参加什么评选、颁奖活动和企业家峰会，甚至连有利于华为品牌形象宣传的活动也一律拒绝。

由于任正非处世低调，其个人公开的资料甚少，有关他的故事多是来源于华为公司唯一对外的窗口——《华为人报》。但人们所看到的只是这个在全球电信市场上呼风唤雨的华为，而种种关于任正非和华为的评说大多只是人们分析和猜测的结果。对于外界的评论无论是对是错，华为极少回应。

任正非虽然不接受媒体采访，却一直是媒体关注的热门人物。

2005 年，任正非被美国《时代周刊》评为"影响世界的 100 位名人"，他是唯一入选的中国企业家。《福布斯》杂志这样评价："任正非是一个很少出现在公众视野中的人物，却是国际上最受人尊敬的中国企业家。"

2008 年，任正非荣膺《中国企业家》杂志评选的"2008 年度中国最具影响力企业领袖终身成就奖"，中国企业家杂志社社长刘东华这样评价他："任正非几乎是中国最有静气和最有定力的一位企业家。"

2011 年 3 月，美国《财富》杂志中文版公布了中国最具影响力的 50 位商界领袖名单，任正非排名榜首。柳传志、张瑞敏分列二、三位。

华为在人们印象当中非常强大而神秘，但很少有人知道它到底有多强。近几年来，许多记者曾努力试图接触华为，但华为是一个非常困难的采访对象。

不管媒体怎么追踪，任正非都一直与其保持距离，他在公众面前很少露面，总是把自己隐藏在幕后。任正非对各种采访、活动都避而不去。

任正非还向华为的高层下过死命令：除非重要客户或者合作伙伴，其他活动一律免谈，谁来游说我，我就撤谁的职，整个华为由此上行下效，全体以近乎本能的封闭和防御姿态面对外界。

2001 年 3 月，任正非在《华为的冬天》一文中说：对待媒体的态度，希望全体员工都要低调，因为我们不是上市公司，所以我们不需要公示社会。我们主要是对政府负责任，对企业的有效运行负责任。因此没有必要向公众披露自己不愿说的事情。

当有人问到他为什么不愿意接受采访时，他是这样回答的：我们有什么值得见媒体的？我们天天与客户直接沟通，客户可以多批评我们，他们说了，我们改进就好了。对媒体来说，我们不能永远都好啊！不能在有点好的时候就吹牛，我不是不见人，我从来都见客户的，最小的客户我都见。

在社会上盛传着这样一个故事：一个风和日丽的下午，在华为公司总部，两个女职员在电梯里抱怨着公司财务制度上的一点小问题。她们注意到电梯里还有一个面貌敦厚的长者，但她们当时并没有当回事，因为这个人太普通了。

这两个女职员第二天被告知，她们所抱怨的那个问题已经解决。她们惊问为什么，对方告诉她们，任总亲自打来电话，云云。此时，她们惊呆了。

还有一次，任正非去参加一个大型的国际通信设备展览会，香港一家电信公司的首席执行官走到任正非的面前交换名片，任正非谦和而有礼貌地作出回应，当这位首席执行官回到宾馆的客房整理手中那一叠厚厚的名片时，竟惊奇地发现一张华为总裁任正非的名片。

他怎么也不敢相信自己的眼睛：我跟任总交换过名片？原来他把那位穿着朴素、和蔼可亲的老人当成了一位普通的参展客户，这让他错过了与任正非总裁面对面交流的机会，令他十分后悔。

华为的一位普通员工讲述了一个真实的故事：2005年冬天，他出差回深圳，在机场遇到任正非，当时只想着当作没看见。没想到任总却主动走过来和他打招呼，问寒问暖，还开车把他先送回家后自己才回去，这一举动让员工很感动。

20多年，任正非就这样一路走来，他的低调造就了华为的传奇。也造就了他自己的传奇。尽管华为已经成为中国在世界上最具代表性的一张名片，以低调、冷静著称的华为和任正非的身上仍笼罩着一层神秘的色彩，但任正非的确是一位具有人格魅力的企业家。

任正非之所以这样低调，一部分是性格使然，他天性中沉稳大气的性格让他成了稳重低调的管理者；另一方面，任正非也是为华为考虑，俗话说树大招风，任正非也是不想为华为招惹是非。

在一次去国外出差的旅途中，任正非发自肺腑地说道：当台风来的时候，什么措施最保险？不是站得高、挺得直，而是趴下，尽量低一些，再低一些，才能不被吹倒！我们不知道什么时候会来大风，所以，我们一直要尽量低一些。

中庸之道是儒家思想的精髓，也是儒家修身的法宝。精明的商人，在为人处世的时候，往往会持有中庸之道，他们从不张扬，低调做人。

因为只有不过分地张显自己，才能够避免招来更多的敌意，从而也让别人摸不清你的底牌，确保你在处世中游刃有余、进退自如，在低调中修炼自己，看似平淡，实际上是一门高深的处世哲学。

有人曾做过一个形象的比喻，认为金钱就像流水一样，从高处向低处流，流到最后，覆盖的面积也就是整个流动过程中最大的，赚钱就是这样，一个始终保持低调的人，金钱就会顺势向他流去。对于这一观点，李嘉诚是非常认同的，因为很多人曾向他请教过赚钱的秘诀，而他给出的答案只有一个，那就是保持低调。

成名之后，李嘉诚的经商策略被人们奉为经典，人们争相效仿，渴望能够一夜成名；但是对于李嘉诚低调做人的观点，很多人是不能接受的，认为用自己辛辛苦苦赚来的钱使自己过得奢华一点，没有什么不好。但是不管别人怎么评说自己，李嘉诚依然保持自己一贯的低调作风。

李嘉诚不仅时刻告诫自己要保持低调，而且也经常告诫自己的两个儿子，为人处世不要过分张扬，当李泽钜自立门户开始创业的时候，李嘉诚赠送给他的第一句话就是："树大招风，保持低调。"

任正非对外界关于他低调猜测的传闻一概不理会，他说：只有安静的水流，才能在不经意间走得更远。任正非带领华为踏踏实实做事、扎扎实实做人。

这些年，在一些企业忙于作秀、向公众展现自己时，任正非带领华为已经悄然成为中国民营企业中的领头羊。

所以说，不论你想取得什么样的成功，低调做人都是必要的品质。只有懂得低调做人，你才能在社会这个大舞台中扮演好自己的角色；你才能在人生的旅途上，平稳地走好每一段路；你才能拥有一颗平常心，才不会被外界左右，才能够变得冷静、变得务实；最终确保你到达成功的顶峰，演绎精彩的人生。

居里夫人说："我是想让孩子从小就知道，荣誉就像玩具，只能玩玩而已，绝不能看得太重，否则将一事无成。"在任正非看来，外表的光鲜、荣誉地位都是无关紧要的，脚踏实地做事才最重要。

✎ 管理智慧

地不畏其低，方能聚水成渊；人不畏其低，故能孚众为王。以低求高，以曲求直，是一种姿态、一种修养，也是做人的一种品格。

第二章

创新意识：不创新才是最大的风险

在如何对待创新这个问题上，任正非有他独到的观点，"不能盲目创新，发散了公司的投资与力量"。针对华为员工面对互联网高速发展带来的成功诱惑，任正非劝导他们，"不要为互联网的成功所冲动"，"别光羡慕别人的风光，别那么互联网冲动。有互联网冲动的员工，应该踏踏实实地用互联网的方式，优化内部供应交易的电子化，提高工作效率"。

1. 创新是华为的不竭动力

创新是一个国家兴旺、发达的不竭动力，更是企业生存、发展和壮大的重要保证。尤其是在进入信息时代的今天，不断创新、敢于创新才是企业增强自身实力、适应市场竞争的必然选择。

纵观世界著名企业的发展，我们不难看出，他们的研究经费几乎都在销售额的10%左右，以此来创造更多的发展机会。而我国企业在这方面则表现得比较落后，对机会的认识也往往都是在机会出现之后才把握的。

所以，若想成为世界上真正地著名的公司，拥有自己的核心技术，就必须敢于十几年如一日的把销售收入的10%左右投入到研发上。

华为在最早时期，却是一个破败不堪的景象。早期的华为公司研发组织只有中研、中试与生产三大部门。由于缺乏极大的经验，使得华为的产品设计存在缺陷、设计时常升级，试验跟不上步伐。

后来，华为开始有产品经理对项目进行统一的管理与规划。为了进一步提升华为的竞争力，以任正非为领导核心的华为决定花费数千万美金巨资与五年的时间引进、推行 IBM 的 IPD 集成管理模式。

回顾"华为"多年来的发展历程，我们可以看到，没有创新的支撑和陪伴，若想在高科技行业中生存下去是完全不可能的。

在中国，华为是少数几个在创立之初就重视创新的企业。它的缔造者任正非把创新看做是企业的灵魂，是使企业产生核心竞争力和保持企业核心竞争优势的至关重要的因素。华为公司就本着不断创新的精神，一路走到了今天。

可以说，创新是华为的不竭动力，是华为逐步步入成功的保障。正如"华为"研究室的墙上标语所讲："新产品在我们手中，质量在我们手中，企业美好的明天在我们手中。"

所以他不惜在技术研发上投入大笔资金，甚至将"按销售额的10%拨付研发经费"写进了1998年出台的《华为基本法》，为的是在一定利润水平上追求企业成长最大化。

"高投入才会有高产出"，企业的经营也是如此。敢于投入是创新的前提，持续投入是创新的保证，没有投入就根本谈不上有创新的出现。

因此，在发展的道路上，绝不能因为担心投入有风险就不敢去投入，不敢去付出，这对企业的创新和壮大是一个致命的打击。

作为一个高科技的企业，而且还是此行业的一个后来者，年轻的"华为"从成立之初就明白，企业形成自己的核心技术产品靠的绝不是单纯的引进就能够解决的，而是坚定的、持续的高投入。

从1993年开始，任正非就坚持每年拿出超过销售额10%的比例投入到技术研发中，并且将研发投入的10%主要用于前沿技术、核心技术和基础技术的研究研究和跟踪。

在1994年，华为就在北京筹建自己的研究所。在1995年到1997年期间，华为北京研究所一直都处于漫长的积累期。

虽然这期间该研究所并没有作出过重大的研究成果，但是任正非一直都给予它大力支持，并且每年都会从销售投入中拿出8000万元乃至上亿元的资金用于技术的研发。这一举动基本遵循"按销售额的10%拨付研发经费"的原则。

自2002年以来，华为每年的技术研发投入都超过30亿元；到2008年，华为的研发投入已经高达100亿元，居中国百强电子企业之首。

除了资金上的大量持续投入外，任正非还十分重视对研发人才的投入和积累。华为员工总数的48％都被公司投放到研发部门，研发部门一直是华为公司最大的部门。另外，为了激发员工的创新热情，任正非对创新采取了精神激励和奖金奖励。

在华为公司总部的"专利墙"上，不是领导者们的光辉足迹，而是员工们创造的各种专利认证。同时，华为还到处设有"喜报集结地""明星榜"等宣传栏，对员工的成果进行展示。

为激发员工的技术创新积极性，任正非还专门策划了"多阶段奖励政策"等一系列专利创新鼓励办法，保证发明人全流程地关注其专利申请，每项重大专利可获得3万元至20万元的奖励。

持之以恒的资金高投入和研发人才的高投入，为华为取得技术优势以及产品核心竞争力奠定了坚实的基础，同时也结出了许多创新性的丰硕成果。

到2008年底，华为共累计申请专利35773件。其中，在无线通信领域，国际标准中拥有超过700件的基本专利；在WCDMA领域，华为已经申明259件基本专利，占总数的9％，排名第五；在LTE/SAE领域，更是以20％左右的专利排名全球第三。

华为是中国通信企业的一面旗帜。但是，一直宣称不从事手机生产，只做通信系统的开发的华为，却在3G创新业务上展现了卓越的才能和业绩，并由此成就了华为在本行业中的霸主地位。华为在3G方面投入力度很大，目前有2000多人从事3G方面的研发，申请3G专利已经290项。

在发展3G上，华为总裁任正非又一次表现出了超群的豪赌精神。20世纪90年代末，当2G还大行其道的时候，任正非就已经开始带领华为的高层者大胆地预期核心技术所带来的机会，并把研发目标对准3G。

任正非明白这一举动对华为今后的影响是非常之重大。毕竟这将意味着华为的技术策略和研发方向开始寻求与市场的密切结合。

为了保证 3G 创新业务的研发成功，华为又一次投入了几乎所有的"本钱"。在任正非的思想引领下，华为累计投入资金 50 亿元人民币，海内外研发人员 3500 多人，从而，成功确立了华为在 3G 上的绝对优势。

2006 年，在巴塞罗那举行的 3G 大会上，华为再次以全面的产品系列和端到端综合解决方案的提供商身份高调亮相，并且通过 3G 业务演示等方式不断传递"体验、融合、共赢"的业务理念和对业务创新与合作的关注，成为展会上的焦点，成为铸就霸主地位依据。

另外，基于对业务引擎、计费引擎、服务引擎等能力的融合，华为业务与软件产品贯通信息社会的产品、价格、服务三要素，并且拥有长期积累的、丰富的电信级解决方案的 E2E 质量交付能力，当前，已经成为 3G 增值业务市场的一支重要力量。

此时的华为已经和包括爱立信、诺基亚、高通在内的多个关键知识产权所有者在 3G 领域中签署了交叉许可协议，在增强该领域话语权的同时，而且还降低了产品的生产成本，提高了企业竞争力。

业务创新是企业所不能忽视的重要创新。当然，对业务创新的同时，还必须拥有独特地、富有远见的战略眼光，要尽早地对自己所瞄准的业务做深入地研究和分析。与此同时，还应当加大对业务创新方面的投入，否则，将会失去更多地发展机遇和成长的机会。

管理智慧

注重研发是企业夺回主导权的基础和前提，是企业维持生存和发展的重中之重。企业唯有加大对研发方面的投入，唯有敢于在研发方面下功夫，方能处于行业的领先地位。

2. 不创新才是最大的风险

在当今日益激烈的市场竞争中，企业想要处于领先地位，就必须抓住新技术的制高点，在竞争中主动把研发的成功转化为生产力。然后再有效地收回创新投入。不过，企业做到创新和研发共同发展，并非是一件轻而易举之事。

从创业之初，任正非押上华为的全部家当全力开发自己的交换机，到20世纪90年代末豪赌3G，都充分体现了他追求创新的高涨热情。过去人们把创新看做是冒风险，现在不创新才是最大的风险。

回顾华为十几年的发展历程，我们体会到，没有创新，要在高科技行业中生存下去几乎是不可能的。在这个领域，没有喘气的机会，哪怕只落后一点点，都将意味着逐渐死亡。

1988年，任正非等6人共同出资两万余元创建了华为，起初华为是为香港康力公司的HAX交换机作代理。

当时，国家正以优惠政策吸引外资，引进外国先进技术，合资合作此起彼伏，发达国家率先向中国企业提供低息贷款，国家给外资企业特别优惠政策，在一定程度上，便使得国内企业与外资企业处于一种不平等的竞争劣势之中。

单单以电信为例，当时中国的电话网用设备来自7个国家，实行8种制式，这就是实行"以市场换技术"的政策。而那时的国内厂商只能在"八国联军"的包围中求生存。

"以市场换技术"的政策在我国许多领域都呈现出了外国产品以高价格垄断市场的局面。仅电话初装费就高达4000元，电话普及率10%左右，引进国外交换机每线价格1000多元。

因此，因支付不起昂贵的费用，国内大批交换机企业而死掉了。不过，华为却选择了走一条充满风险的自主创新研发小型程控交换机之路。当时流传一种说法是：搞自主创新研发就是"找死"，而不搞则是等死。从华为选择"找死"之路来看，华为的创新与研发道路是充满坎坷和风险的。

然而，为了在创新和研发之路上越走越远；也为了让公司更加具有实力；华为将投入大量的研发资金。如果企业不能做到自主创新，不能做到自主研发，即使拥有再多的销售额也都只是短暂而渺小的。

唯有把更多的资金投入到研发领域，才能铸就出创新的不断发展，才能为企业的明天增添更多亮丽的色彩和生机，尽管有时候创新和研发并不是顺利开展的。

数十年前，华为是一家并不出名、并没有任何发展实力的公司，或许在众多脑海里并没有太多的印象。但是在数十年后，同样的名字却被广泛流传，成为家喻户晓的典范。然而，十年的发展，是什么神奇的力量让它发生了如此大的改变呢？

华为的总裁任正非用他的管理经验告诉我们：数十年来，华为的发展主要凭借的是不断创新，如果不创新如今的华为将会面临众多的风险。

一直以来，他们始终专注于做一件事情——通信核心网络技术的研究与开发。在把使命锁定在这个目标上后，华为在总裁任正非的带领下，把所有代理销售取得的点滴利润几乎都运用到了研究小型交换机上，利用压强原则，形成局部的突破，逐渐获得了技术的领先和利润空间的扩大化。

技术的创新和领先给华为带来了很多创造利润的机会，然后，他们再把积累地利润投入到升级换代产品的研究开发中，如此周而复始，不断地改进和创新。

数十年来，以创新为核心理念的华为，充分认识到不创新才是最大的风险。通过数十年的努力，如今的华为已经是一个世界知名公司了。

不过，企业的发展并没有因此结束。他们仍然会坚持压强原则，集中力量只投入对核心网络的研发，从而形成自己的核心技术，使华为一步一步前进。

任正非认为，企业创新是"因"，而提高企业核心竞争力则是"果"。在《创新是华为发展的不竭动力》一文中，任正非指出，华为要做的就是坚定不移地提升企业的核心竞争力。

信息产业进步很快。它在高速发展中的不平衡，就给小公司留下了许多机会。不像一些传统产业，如飞机制造，它的设计理论已进入经典热力学，大公司充满了经验优势。

而且数十年来，他们申请了无数的专利，使这种优势法律化。绕开专利，制造成本就会很高。没有竞争力，完全购买人家专利，如何能够超越？没有一场技术革命，没有新的技术突破，超越这些传统公司，越来越困难。

而信息产业不同，昨天的优势，今天可能全报废，天天都在发生技术革命。在新问题面前，小公司不明白，大公司也不明白，大家是平等的。

华为知道自己的实力不足，不是全方位地追赶，而是紧紧围绕核心网络技术的进步，投注全部力量。又紧紧抓住核心网络中软件与硬件的关键中的关键，形成自己的核心技术。在开放合作的基础上，不断强化自己在核心领域的领先能力。

软件开发管理的难度在于其难以测评和过程的复杂性。公司坚持向西方和印度学习软件管理办法，在与众多世界级软件公司开展的项目合作中实践、优化。紧紧抓住量化评估、缺陷管理、质量控制、项目过程以及配置管理等 SEI – CMM 软件能力成熟度的标准要求，持续多年地进行软件过程的改善实践。

目前，华为的软件开发能力有了质的进步，完全具备高质量、高效率的大型软件工程作业能力。迄今为止，已成功开发出多种大型复杂的产品系统如 C&C08 交换机、GSM、数据通信和智能网等，其软件规模均接近千万行源代码，由数千人在 2—3 年的时间跨度内，分散在不同地域协同完成。

核心竞争力对一个企业来讲是多方面的，技术与产品仅仅是一个方面，管理与服务的进步远远比技术进步更重要。十年来公司深深地体会到这一点。没有管理，人才、技术和资金就形不成合力；没有服务，管理就没有方向。

有创新就有风险，但决不能因为有风险，就不敢创新。回想起来，若不冒险，跟在别人后面，长期处于二三流水平，将无法与跨国公司竞争，也无法获得活下去的权利。若因循守旧，也不会取得这么快的发展速度。

✎ 管理智慧

一个不敢创新、不敢冒险的企业，无疑就会给企业的成长增添更多的"阻力"，无疑就会给企业的发展注入更多的"风险"。因为在当今追求创新的浪潮中，不能创新就意味着没有生存的余地，就没有发展的动力，就没有成功的保障。

只有技术自立才能真正发展

与大多数技术公司刚创业时一样，华为在技术上可谓一穷二白，通信业本来就是一个充满风险、讲求技术自立的领域，因此在当时的中国交换机市场上，大型局用机和用户机基本来自国外的电信企业及其在中国的合资企业。

在通信圈中的人都非常清楚这个行业的风险性。华为则是进入后才发现自己面临的风险和压力：在自家门口遭遇了强大的竞争对手——拥有数百亿美元资产的世界著名公司。

任正非曾自我解嘲说，无知使他跌进了通讯设备这个天然的全球力量竞争最激烈的角力场，而这个角力场的生存法则很简单：你必须首先拥有一支全球力量。

早期华为在技术研发上经常采取的一种手段是"收购"。其实就是一种跟随策略，即跟随既有的技术，并在其基础上跟进，逐渐积累自己的研发实力。这无疑是一种有效的提升自身核心竞争力的办法。

收购是国际大公司整合资源，迅速覆盖目标市场的常用手段。2006年，甲骨文在全球进行了12次收购。华为也正在尝试这样的方式，除了与国际公司合作外，华为也直接收购一些小的技术型公司，以降低自己的研发成本，集中精力攻克核心技术。

在全球高科技产业处于低迷期，华为在美国展开了一系列小规模、低成本的收购。

2002 年初，华为完成对光通信厂商 Opti Might 的收购，加强了自己在光传输领域的技术实力。2003 年中，又完成对网络处理器厂商 Cognigine 的收购，以此加强其在交换机和路由器核心处理器方面的能力。

另外，华为还在硅谷投资了一家叫做 Light Pointe 的自由空间光通信（FSO）厂商，并借此取得 OEM 该公司 FSO 设备的资格。通过上述收购，华为强化了传输与接入领域的技术优势。

2005 年 5 月，华为以 1000 万元收购了宏智科技在湖北、青海的 BOSS 项目及湖北、青海、新疆的 BI 项目的合同权利和相关知识产权。这些项目主要是宏智科技与中国移动签定的软件服务合同，这弥补了华为在这些领域里的空白。

我们可以预测，在未来，华为还会以这种小规模收购的方式迅速获取某些技术上的突破，缩短研发时间。而在华为的实力足够强大的时候，甚至还会采取更大规模的收购行动。

除了直接收购和建立合作联盟外，华为还以投资的形式协助一些小公司发展，以获得技术支援。Light Pointe Communications 是一家总部在圣地牙哥的公司，拥有一项利用激光进行无线传输的光纤技术。

电信市场调研公司 Pacific Epoch 创始人保罗·魏德（Paul Waide）透露，华为曾经以风险投资的形式向 Light Pointe Communications 投资 200 万美元。魏德表示，华为虽然是扎根于中国的企业，但他具有吸收国外先进技术的远见卓识，而且很可能会把销售网络也渗透其中。

我国改革开放初期，为了加快发展速度，不断地用优惠政策吸引外资，引进技术，一时间合资合作浪潮此起彼伏。而彼时中国还处在一个由计划经济到社会主义市场经济的转型时期，许多政策法规尚待健全，国内工业体制、技术改造尚未完成。

在这种情况下合资合作的结果是让出了大片市场，使国有企业长期处于不平等的竞争劣势中，这是几十万国有企业陷于困境的重要原因。这种以市场换技术的代价太大了！

我国改革开放政策刚开始大都是采取的以市场换技术的策略，引进了很多工业，但在很多工业领域并没有能产生优势产业，其中一个原因是关键核心技术不在自己手里，而这种关键技术是很难通过市场换回来的。

任正非说：外国人到中国是为赚钱来的，他们不肯把家底交给中国人，而指望我们引进、引进、再引进，始终不能独立。以市场换技术，市场丢光了，却没有哪样技术能真正掌握。

因此，任正非痛悟到：只有技术自立，才是企业发展、国家富强的根本。没有自己的科技支撑体系，工业独立就是一句空话，没有独立的民族工业，就没有民族的独立。

曲折的经历，摸着石头过河，使我们懂得了一条真理：只有自己才能救自己，从来就没有什么救世主，也没有神仙，中国要发展，就必须靠自强。

对于这样的技术，除了自主研发外，别无它法。这让华为人认识到，只有拥有核心技术知识产权，才能进入世界竞争，只有掌握核心，开放周边，才能使企业既能快速成长，又不受制于人。华为的 C&C08 机之所以能进入世界市场，是因为华为的核心知识产权几乎没有一点是外国的。

因此，在与业界广泛合作的同时，华为亦大力提高自主研发能力。这既是为了发展民族工业，也是为了给华为寻找一条出路，任正非一直坚持将"技术开发"作为华为的发展方向。他希望华为能紧跟世界先进技术的潮流，立足于自主研发，提高公司的核心竞争力，实现占领国内市场，开拓海外市场的目标。

1997 年以后，华为涉足的产品除电话交换机外，还有数据业务、无线通讯、GSM 等通讯领域的主导产品。这些都标志着华为已经拥有了相当的技术积累，具备了形成世界级技术能力的基本要素，并且在这些要素上拥有局部优势，而大多数中国企业虽然强调自主研发，但事实上尚不具备这种能力，这也使得华为成为了中国企业中出类拔萃的典范。

在日趋激烈的市场竞争中，企业要处于领先地位，就必须把握住新技术的制高点，在竞争中主动把研发成果转化为生产力，有效地收回创新投入。

国际市场上的优胜者无一例外都拥有自己的领先技术，它们把这种技术优势转化为产品优势，再进一步转化为竞争优势，从而在市场竞争中赢得主导权。

我国企业要夺回主导权，就必须在研发上多下工夫。有研究表明，企业要维持生存，研发费用需要占其销售额的2%；而要形成竞争力，研发费用就必须达到销售额的5%以上。

这一规律在发达国家得到了充分体现。发达国家的科技企业研发投入平均水平为10%左右。例如，2002年，美国英特尔公司研发支出40亿美元，占其销售额的12%；辉瑞制药公司研发支出48亿美元，占其销售额的16%。在研发投入上的领先也导致了这些国际企业能够在科研领域保持领先地位。

相比之下，我国大多数企业的研发投入却少得可怜。2007年10月10日，在北京召开的"2007英特尔中国研究论坛"上，中科院院士倪光南重点指出，国内企业平均只有2.1%的研发投入。在中国百家电子信息百强企业中研发投入也仅为3.9%，只有21家企业的研发投入超过5%，其中包括华为、中兴通讯。

华为是一家技术型企业，技术一直是它赖以生存的重要基础。早在1994年，华为就在北京筹建北京研究所。从1995年到1997年，华为北京研究所一直处于漫长的积累期，其间没有开发出过重大的研究成果。

但是，任正非一直给予大力支持，每年投入 8000 万元乃至上亿的资金用于技术开发，基本遵循"按销售额的 10% 拨付研发经费"的原则。1998 年，任正非还将这一原则写进了公司纲领性文件——《华为基本法》中。

任正非的这种对技术研发的重视不是没有缘由的。1997 年，任正非一行前往美国考察，他们先后访问了美国休斯公司、IBM 公司、贝尔实验室与惠普公司。

任正非发现，这些著名公司都十分重视研发，而且能够依靠研发创造机会，有力地促进了企业在未来的发展，这一点是当时的华为所望尘莫及的。

IBM 每年约投入 60 亿美元的研发经费。各个大公司的研发经费都在销售额的 10% 左右，以此创造机会。我国在这方面比较落后，对机会的认识往往在机会已经出现以后，做出了正确判断，抓住机会，形成了成功，华为就是这样的。

而已经走到前面的世界著名公司，他们是靠研发创造出机会，引导消费。他们在短时间内席卷了"机会窗"的利润，又投入创造更大的机会，这是他们比我们发展快的根本原因。华为 1998 年的研发经费超过 8 亿人民币，并正在开始搞战略预研与起步进行基础研究。

让我们来看看在过去近 20 年的时间里，华为是如何在研发投入上"按销售额的 10% 拨付研发经费"原则的：1996 年研究经费达 1.8 亿元，1997 年达 3 亿—4 亿元，而在最近几年，华为在研发上的资金投入维持在每年七八十亿元以上，2006 年更是达到了将近 90 亿元，有近 3 万公司员工参与了研发工作。这种一脉相承的思路，充分体现了通信行业对技术的苛刻要求，以及华为公司对技术研发的重视。

任正非坚持这样一个观点：只有持续加大投资力度，我们才能缩短与世界的差距。如今，华为公司拥有从光交换技术、光纤网络、3G 到只有火柴盒大的移动宽带、USB 调制解调器等完整的产品组合。

华为三分之一的研发费用和研发人员都用在开发移动数据产品上。这也为华为赢得了越来越多的海外市场份额，例如，成功入选英国电信"二十一世纪网络"名单，进入沃达丰的全球供应链……

这些成绩也表明了全球电信业界对华为实力的肯定，目前，华为产品已经打入全球 100 多个国家和地区的市场，服务于 300 多家运营商。

在全球 50 大主流电信运营商中，华为与其中的 28 家开展了密切合作。重视广泛的对等合作和建立战略伙伴关系，使自己的优势得以提升。

华为在美国达拉斯、印度班加罗尔、瑞典斯德哥尔摩、俄罗斯莫斯科以及中国北京、上海等地建立了研究所。2001 年，华为研发系统开始实施 CMM 管理。

2003 年 1 月，华为印度研究所正式通过 CMM 五级国际认证，成为极少数取得 CMM 五级认证的企业之一。华为北京研究所、南京研究所也先后取得 CMM 四级认证。印度、南京、上海研究所及中央软件部已通过 CMM5 级国际认证，北京所通过 CMM4 级国际认证。

华为的 3G 等产品实现了全球同步开发；华为 5 万多员工中，有 46% 从事研究开发，每年销售额的 10% 以上用于研究开发；华为是少数通过了 CMM5 级国际认证的高科技企业之一；华为是中国申请专利最多的单位。

现今的高科技领域，不仅仅是中国公司 OEM 国外公司的产品，别人也在 OEM 华为的产品。如：国外某著名公司就 OEM 华为的 GSM 产品。在华为，普通的工程师只要两到三年就可以成长为一名高级工程师，对自己研发的领域有着独到的看法，而业内一般最少需要四年。

产品方面，华为早期主要是做国内产品适应性开发（即本地化），使得华为的产品能更好地进入当地市场；目前，华为的产品则定位于全球通用，尽量推出全方位方案解决方案。

华为的传输的芯片是自己开发的，使用的是 0.35μ 的技术，而且功能设计比较先进，在 2.5G 以下华为做得比国外的好。

华为在新一代传输体制 SDH 中展现出强大的活力，2.5G 以下级别交叉能力是全世界最强的，实现了低阶全交叉连接功能，十分适应中国电信网络复杂的需求。

在自行设计的芯片中，华为完成的复杂数字运算功能，大大地提高了光同步传输设备的业务接口在抖动、漂移等方面的指标特性。支撑网中适应高精度定时要求的网同步技术，延伸了 SDH 设备在节点数和距离方面的应用。

管理智慧

在日趋激烈的市场竞争中，企业要处于领先地位，就必须把握住新技术的制高点，在竞争中主动把研发成果转化为生产力，有效地收回创新投入。

4. 创新是一条荆棘丛生的路

任正非给华为公司的定义是为了活下去，并且一定要活得滋润，活得阳光。然而，当初正是为了活下去，任正非才与几个志同道合地朋友拼凑了两万多元，来到深圳创立了著名的华为公司。

同样是为了生存，可是与他人不同的是，任正非选择了一条"以技术求生存"的道路。当时华为公司和其他公司并没有什么两样，主要是从事代销业务的。

作为一种没有巨大风险，却获利颇多的行业，不少人都对"代销"充满了热爱和依恋之情。但任正非却没有。当华为公司刚刚有所起色的时候，他便走上了一条技术自立、发展高新技术的实业之路。

在这期间，任正非宁愿和父亲挤一间十几平方米的小屋，宁愿只吃死鱼、死虾，也不会忘记把每年销售收入的10%用于搞科研。

创新是一条充满荆棘的道路，但也是一条维持生存的道路，一条可以在未来笑傲商场的道路。在别人的嘲笑和讥讽中，任正非保持了一个优秀企业家的清醒和本色，华为最基本的使命就是生存下去，而技术开发的动力就是为了生存。

起初的华为只是一个不显眼的公司。它没有充足的资金，没有先进的技术，没有强大的设备，有的只是敢于创新的头脑和智慧。企业的发展尤为重要的是敢于创新，敢于在别人不敢为的时候先为。虽然在这其中会存在众多的风险和挑战，但是如果勇于行动起来，那么就不怕有更大的风险摆在我们面前。

创新意识是华为成功的基石，是华为发展的动力。无论在创业之初，还是在发展之途，华为始终都把创新看作是企业的灵魂，看作是促使企业产生核心竞争力和保持企业核心竞争优势的重要因素。

然而，在进行的实践过程中，若是企业不敢冒险，其实才是最大的风险。只有不断地创新，才能持续提高企业的核心竞争力；只有提高了企业的核心竞争力，才能在技术上日新月异、竞争日趋激烈的社会中顽强生存下去。

在过去的 30 年时间里，大多数中国民营科技企业总是逃脱不了"各领风骚三五年"的宿命，我们也听到和看到太多关于中国民营企业崛起、衰落、倒闭的悲伤故事。但是华为技术有限公司却成功了！

华为从 2 万元起家，用 25 年时间，从名不见经传的民营科技企业，发展成为世界 500 强和全球最大的通信设备制造商，创造了中国乃至世界企业发展史上的奇迹！

华为成功的秘密就是创新。创新无疑是提升企业竞争力的法宝，同时它也是一条充满了风险和挑战的成长之路。尤其在高新技术产业领域，创新被称为一个企业的生存之本和一个品牌的价值核心。

俗话说得好："'危'中更会有'机'"，的确，每一项事物的发展，都有可能处处充满危机，时时充满挑战。企业同样如此，如果只是因为其中有风险、有危机就不敢去创新、不敢去面对，那么势必会与更多发展的机遇失之交臂！

"不创新才是华为最大的风险"，华为总裁任正非的这句话道出了华为骨子里的创新精神。"回顾华为 20 多年的发展历程，我们体会到，没有创新，要在高科技行业中生存下去几乎是不可能的。在这个领域，没有喘气的机会，哪怕只落后一点点，就意味着逐渐死亡。"正是这种强烈的紧迫感驱使着华为持续创新。

华为虽然和许多民营企业一样从做"贸易"起步，但是华为没有像其他企业那样，继续沿着"贸易"的路线发展，而是踏踏实实地搞起了自主研发。

华为把每年销售收入的10%投入研发，数十年如一日，近10年投入的研发费有1000多亿元人民币，在华为15万名员工中有近一半的人在搞技术研发。为了保持技术领先优势，华为在招揽人才时提供的薪资常常比很多外资企业还高。

华为的创新体现在企业的方方面面，在各个细节之中，但是华为不是为创新而创新，它打造的是一种相机而动、有的放矢的创新力，是以客户需求、市场趋势为导向，紧紧沿着技术市场化路线行进的创新，这是一种可以不断自我完善与超越的创新力，这样的创新能力才是企业可持续发展的基石。

在国际化战略中，华为与大多数科技公司只盯着眼前利益的"技术机会主义"态度不同，华为对技术投资是具有长远战略眼光的。如在"小灵通"火热时期，UT斯达康、中兴等企业因为抓住了机会，赚了不少真金白银。

相比之下，华为在"小灵通"上反应迟钝，却把巨资投入到当时还看不到"钱景"的3G技术研发，华为也因此被外界扣上"战略失误"的帽子。

在任正非看来，"小灵通"是个落后技术，没有前景，而3G才代表未来主流技术发展趋势。事实证明，任正非的判断是正确的。华为从1996

年开始海外布局，在国内市场遭遇 3G 建设瓶颈的时候，华为在海外市场开始有所斩获，一路走来，华为如今已成为全球主流电信运营商的最佳合作伙伴。

现在，华为的产品和解决方案已经应用于 150 多个国家，服务全球 1/3 的人口。在全球 50 强电信运营商中，有 45 家使用华为的产品和服务，其海外市场销售额占公司销售总额的近 70%。

如果任正非没有前瞻眼光，不先人一步投入 3G 技术研发，就没有今天的华为，也没有华为在 3G 甚至 4G 市场上的领先位置。2010 年，华为跻身"全球最佳技术创新公司"前 5 名，成为"中国创造"的标杆。看得远，才能走得远，这是低调的任正非带领华为无往不胜的终极秘诀。

技术创新对于一个企业的国际化非常重要，但不等于说只有在完成技术创新之后才进行国际化。完全掌握了核心技术，再进行国际化，这是一种过于理想化的模式。

国际化的过程本身就是提高企业技术能力的过程，在"战争中学习战争"也是一种相机而动的思维。所以在 1996 年，华为就尝试走出国门，让国际竞争来促进和提升自身的技术创新。

实际上，华为的技术创新，更多表现在技术引进、吸收与再创新层面上，主要是在国际企业的技术成果上进行一些功能、特性上的改进和集成能力的提升。

对于所缺少的核心技术，华为通过购买或支付专利许可费的方式，实现产品的国际市场准入，再根据市场需求进行创新和融合，从而实现知识产权价值最大化。

目前，中国制造企业正面临着人力成本居高不下、产能过剩、高消耗等"内忧"，以及人民币升值、海外市场低迷、贸易摩擦案件增加等"外患"。普遍缺少品牌和技术的中国制造企业，转型和升级已经迫在眉睫。但是如何转型，怎么升级，显然不是喊几句口号和出台几项政策就能实现的。这时，华为的榜样价值再次凸显。

任正非说："科技创新不能急功近利，需要长达二三十年的积累。"中国企业要走出国门，融入世界，做大做强，就必须摒弃赚"快钱"的心态，舍得在技术升级和管理创新上花钱，转型和升级才可能实现。华为不赚"快钱"赚"长钱"的思想值得很多企业学习借鉴。

但必须指出的是，产业升级仅有技术升级也是不够的，还需要管理的同步升级。与其他国内企业一样，华为在创业之初也有过一段粗放式管理的时期，但是华为及时认识到管理创新的重要性，并不惜血本，进行脱胎换骨式的变革和提升。

在国际化进程中，华为认识到先进的企业内部管理体系的基础作用。华为先后与 IBM、HAY、MERCER、PWC 等国际著名公司合作，不惜花数十亿资金，引入先进的管理理念和方法，对集成产品开发、业务流程、组织、品质控制、人力资源、财务管理、客户满意度等方面进行了系统变革，把公司业务管理体系聚焦到创造客户价值这个核心上。

经过 10 多年的不断改进，华为的管理实现了与国际接轨，不仅经受了公司业务持续高速增长的考验，而且赢得了海内外客户及全球合作伙伴的普遍认可，有效支撑了公司的全球化战略。

有创新就有风险，但决不能因为有风险，就不敢创新。若不冒险，跟在别人后面，就会永远处于二、三流，将无法与跨国公司竞争，也无法获得活下去的权利。若因循守旧，也不会取得这么快的发展速度。

创新是一条艰难的道路，是一条布满众多风险的道路，但也是企业唯一可以生存的道路。华为从创建以来，一直秉承着不断创新、勇于创新、不盲目创新地理念走到了今天，走向了电信制造行业的巅峰。

管理智慧

企业的创立和发展都不是一件轻而易举的事。然而，若想让企业在激烈的竞争的市场中稳稳立足，若想让企业可以顽强地生存下去，就必须勇于走上一条充满荆棘的"创新路"，因为创新是企业的发展的最大动力，是获取较大成功的保障。

5. 整合创新只领先竞争对手半步

华为面临的是一个复杂多变的世界，不创新的公司必然灭亡，而采用狭隘的、封闭的创新模式，片面地强调全面"自主创新"，同样也是十分危险的。

"封闭式创新"直接导致了创新活动的重复劳动，效率低下，而拒绝使用他人的创意和技术也就意味着放弃通过对别人成熟、先进的创意和技术的使用获得额外利润的机会。

日本在2G移动通信时代，要发展一套自己的技术标准PDC，正是因为这一完全"自主创新的"技术，导致其2G时代的网络与全世界的网络都不能兼容，成为了与世界不能兼容的"窄轨"。

贝尔实验室的解体与后来的朗讯被并购，也都深刻地表明了"封闭式创新"的后果就是被时代淘汰。

经过多年的努力，华为的技术创新已从跟随国际技术为主，发展到与国际主流技术同步的开放式研发。

2009年4月，华为副总裁宋柳平在一次演讲中说道：如果过度地强调自主创新，可能对于我们这个行业来讲，实际上是不一定有竞争力的，不创新是不行的，但是封闭的创新也是不行的，我们强调的是开放式创新。

因此我们跟全球的主要合作伙伴成立了几十家联合创新中心，这样就保证我们对于产品的开发是满足客户需求的东西，因为封闭的自我创新实际上是一个高成本的，同时也是不具备竞争力的。

华为认为，要以开放心态看待和整合业界的各种资源，站在巨人的肩膀上前进。在华为看来，"技术重要，管理整合资源带来的市场成功更重要"。任正非在其题为《创业创新必须以提升企业核心竞争力为中心》的演讲中说道：

我们提出了在新产品开发中，要尽量引用公司已拥有的成熟技术，以及可向社会采购的技术，利用率低于70%，新开发量高于30%，不仅不叫创新，而是浪费，它只会提高开发成本，增加产品的不稳定性。

当然，我们公司将来也会有许多人在未知领域去探索，也可能会有很大的成就，我相信会有这样的人才出来。

从公司的使命来看，我们是在做产品，完全创造性的东西在目前阶段没有可能和必要存在，将来也可能存在，存在的时候当然不会埋没你、压制你，一定会给你机会。

但如果我们能在前人基础上善于总结善于提高，仅用五到十年时间，你们的孩子还刚上小学，你们就可能是世界有名的专家，因此你们将有资本向你们的后代炫耀。

如果你们现在妄自浪费青春，一味自己埋头苦干，转来转去，你们的青春将不是无悔，而是懊悔不已。你不可能一个人去达到世界水平。

任正非号召研发人员研发一个新产品时应尽量减少自己的发明创造，而应着眼于继承以往产品的技术成果，以及对外部进行合作或购买。

任正非有一个比喻，千军万马攻下山头，到达山顶时，发现山腰、山脚全被西方公司的基础专利包围了，怎么办？唯有留下买路钱：交专利费，或者依靠自身的专利储备进行专利互换。

不要存侥幸心理，不能幻想把在中国市场成功的一套打法应用到国际市场。华为的创新原则就是坚持老老实实的乌龟精神，坚决反对投机。

任正非曾这样说道：我们也不全靠自主开发，因为等自主开发出来了，市场机会早没有了，或对手已在市场上构筑了优势，我们却没法在竞争的市场上获利，所以，我们经常采用直接购买技术的方式来缩短差距并构筑领先。

在我们未进入的一个全新领域进行产品开发，对公司已拥有的成熟技术以及可以向社会采购的技术利用率低于70%，新开发量高于30%，不仅不叫创新，反而是浪费，它只会提高开发成本，增加产品的不稳定性。凡是说：我的项目全部都是我做，未利用别人的成就，这种人一定不能加薪。

1998年，任正非就给华为定下了这样的目标："广泛吸收世界电子信息领域的最新研究成果，虚心向国内外优秀企业学习，在独立自主的基础上，开放合作地发展领先的核心技术，用我们卓越的产品自立于世界通信列强之林。"

美国社会为什么会有那么强烈的创新冲动？谷歌为什么愿意以120亿美金的巨额资本收购诺基亚的手机系统？Facebook 傻吗——为什么愿意向一个50多人的公司支付190亿美金？答案是：对人的智力所创造的成果进行市场定价，体现着对知识权益的尊重与认可，这是科技进步的根本前提。

华为的创新信奉的是西方规则、美国规则。华为每年要向西方公司支付2亿美金左右的专利费，每年拿出1亿多美金参与一些研发基金，并且参与和主导了多个全球行业的标准组织。华为认为，未来5至8年，会爆发一场"专利世界大战"，华为必须对此有清醒的战略研判和战略设计。

在通信领域，中国企业普遍起步较晚，当华为进入电信行业时，国外的公司已经在这个领域里持续地成长了数十年，积累了大量的智力成果。

在华为的创新观念中，首先就是肯定和承认他人的优秀智力成果，承认与西方公司的差距，并勇于继承、善于继承，在继承他人优秀成果的基础上开展持续的创新。

华为的愿景是丰富人类的沟通与生活。如何实现这个宏大的愿景？华为的创新战略是利用全世界的智慧为华为服务。

到 2012 年底为止，与全球 200 多所大学、研究机构在开展研发合作。英国首相会见任正非的时候，任正非讲了一个观点：英国工业主义时代培育了强大的技术实力，但是过去几十年，英国的金融太强大了，制造业就开始衰落、萎缩，那么英国所长期储备的科技能力就会受到影响。

华为投资 20 亿美金，人是你的，能力也是你的，但是我投资你的能力，在华为的全球平台上进行应用，对英国和华为都有好处。英国首相深以为然。

全球化是不可避免的，我们要勇敢地开放自己，不要把自己封闭起来，要积极与西方竞争，在竞争中学会管理。

十多年来我们从来没有提过我们是民族的工业，因为我们必须是全球化的。如果我们把门关起来，靠保护自己生存，一旦开放，我们将一触即溃；同时我们努力用自己的产品支持全球化的实现。

对于许多非核心技术，如果企业自行研发，成本会很高，这时可以资助、合作、直接购买各种研究机构的相关创新成果。我国的大型企业可以借鉴微软、思科、戴尔、英特尔等新一代企业的经验，依靠许可使用、购买外部技术创新。

华为强调专利战略首先不能排斥继承。微软的三大技术都不是他自己最早发明的，都是吸收别人的技术并整合到满足客户要求的产品上，客户购买了，他取得了商业成功，从 DOS 到 Windows，到后来的浏览器，所有一系列的东西都不是他最早发明的。

所以现在获得技术的途径已经很多，想通过垄断一项技术来实现商业成功这种可能性已经非常小了，因为现在大家都可以很容易的获得这项技术，企业最重要的在于整合能力，而不是自己做技术多强，自我技术多强，其实不是这样子。

能导致企业商业成功是靠整合能力，就是你把技术、资源、渠道整合起来以后形成一种优势，其实就是企业管理。微软如此，思科也是。思科最重要的能力在于将业界先进的技术整合进自己的产品里，推向市场，然后卖成功了。

所以华为觉得不管是通过许可方式获得的技术，还是通过自己开发获得技术，或者通过并购获得的技术，关键看你这个东西是否有竞争力，是否能得到客户的接受，核心问题在于商业上的整合能力，而不在乎是否是百分之百的自主创新。

管理智慧

要以开放心态看待和整合业界的各种资源，站在巨人的肩膀上前进，立足不断自主创新的同时，不断整合已有的创新成果。整合资源带来的市场成功有时要比自身创新更重要。

6. 创新坚持以客户需求为导向

一个企业能够满足客户的小需求，它将是一个可以生存的企业，如果能够满足客户的核心需求，那么就可以迎来快速的发展。如果能够满足客户的杀手级隐性核心需求，那么，就有可能成为一家优秀的公司，甚至成为一家伟大的公司。

所谓"杀手级"是借用了 IT 行业"杀手级应用"的提法，当客户遇到这个杀手级的产品或服务以后，感觉很受震动、很受震撼，就愿意买单了，这就叫"杀手级应用"。

那么，什么是"隐性需求"呢？有人总结了四类"隐性需求"：第一类就是客户无法清晰表达的需求；第二类是客户无法公开表述的需求，有时我们也把这类需求称之为"客户的难言之隐"式需求；第三类需求是指竞争对手尚未发现的客户需求；第四类需求是指尚未被行业所满足或者尚未被行业实现的需求，这类需求往往在行业内众人皆知，但是没有企业能够满足。

宝洁公司进入中国的第一个主打产品是"海飞丝"，"海飞丝"的主打诉求是"去头屑"，那么去头屑功能的目的是什么？让我们建立自信。

如果你没有头屑，"飘柔"就来了。"柔顺，众人皆知的秘密"，洗头发不是目的，洗发是为了使我们更加美丽、更加漂亮。

女性顾客头发长，未必见识少，但通常都会"分叉"，这时候"潘婷"就来了，修复分叉。修复分叉不是目的，目的是为了让你感觉到头发有营养了，自己健康了。

你可能会说我没头屑，头发又柔顺，还不分叉，宝洁拿我没办法了吧。这时候"沙宣"来了，让你时尚领先。所以，宝洁公司的产品总有一款适合你，每款都刀刀见血，直指用户的渴望。

女性顾客是洗发水的核心顾客群，相较女性，男性的头发较少，洗发水用量较少，市场销量不够大，因此，抓住女性顾客对洗发水公司就很重要了。

但是女性头发长，洗起来其实很累、很麻烦，如果她认为洗头发就是洗头发，大概洗头发的周期会比较长，不到忍无可忍，脏得不行，痒得不行时不会去洗。

这时，"飘柔"要告诉你是为了柔顺，"潘婷"是为了让你营养，"沙宣"告诉你要时尚，你的目的不是为了洗干净头发，洗发的目的是为了美丽、自信、健康、时尚，那么，你就会很勤快地洗头发，而且越洗越高兴，越洗越觉得自己会漂亮。

当宝洁抓住了消费者的"心智"，它就成功占领了市场。谁满足了客户的杀手级隐性需求，谁就更有机会占领市场、领先市场。

华为能够从一家小公司成长为让全球客户信赖的大企业和行业领导者，必须承认，20多年不间断的、大量的贴近客户的创新是一个重要因素。

有一位华为老员工估计，20多年华为面向客户需求这样的产品创新有数千个。正是由于华为跟客户不断、频繁的沟通，正是由于西方公司店大欺客，构成了华为和竞争对手的重大区别与20多年彼消此长的分野。

在1998年出台的《华为基本法》第一条中，这样规定：华为的追求是在电子信息领域实现顾客的梦想，并依靠点点滴滴、锲而不舍的艰苦追求，使我们成为世界级领先企业。

华为要成为世界级领先企业，其依托的是通过华为的艰苦奋斗，不断为客户创造更大的价值，与客户一同成功。

在2005年的一次讲话中，任正非再次重申：十年以前，华为就提出：华为的追求是实现客户的梦想。历史证明，这已成为华为人共同的使命。

以客户需求为导向，保护客户的投资，降低客户的CAPEX和OPEX，提高了客户的竞争力和赢利能力。至今全球有超过1.5亿电话用户采用华为的设备。

我们看到，正是由于华为的存在，丰富了人们的沟通和生活。今天，华为形成了无线、固定网络、业务软件、传输、数据、终端等完善的产品及解决方案，给客户提供端到端的解决方案及服务。全球有700多个运营商选择华为作为合作伙伴，华为和客户将共同面对未来的需求和挑战。

电信运营商是华为的主要客户，因此任正非将"聚焦客户关注的挑战和压力，提供有竞争力的通信解决方案和服务，持续为客户创造最大价值"作为华为的使命，以获得客户的信赖和认可。

而在此基础上，任正非希望通过华为的努力，为人们的沟通创造更多更便利的条件。将华为的企业使命提升到一个更高的高度，也就是华为的企业愿景。

近些年，任正非时刻警醒着华为人，在加强管理改进的同时，一定要从客户的最终需求做起，而不是不顾客户意愿一味地强调技术创新。

创新都是企业发展的核心和灵魂。创新是企业发展的不竭动力，是企业发展的核心所在。但是，如果一味地追求创新，一味地追求管理上的进步，那么，只会给企业的发展注入更多的阻力。

一些企业为了加强管理的改进，为了追求更多创新成果，也就忽视了许多实质性地要求，比如，视顾客的要求于不顾，视发展的效率于身后等等。当然，这些盲目追求创新的行为是极为不可取的，它不仅不能有效地带来更多发展，反而还会阻碍企业的成长。

摩托罗拉可以说是最具创新精神的公司之一。摩托罗拉的创始人老高尔文和他的儿子小高尔文，多年前提出的企业愿景是，摩托罗拉是一家不以赚钱为目的的公司，实现顾客梦想代表着摩托罗拉的企业使命。

然而，在20世纪末、21世纪初的IT与资本时代，摩托罗拉走向技术崇拜，无视客户需求，盲目投资50亿美金搞所谓"高大上"的"铱星计划"，让光纤的发明摧毁了，灾难从此降临。由于重大的技术投资失败，资本市场用脚投票，加速了摩托罗拉的崩溃。摩托罗拉已经成了一个"被忘却的伟大的符号"。

华为，也曾经是一家技术导向型的公司。华为早期10年可以称作星光灿烂的10年。那些星光灿烂的技术英雄们，给华为贡献了初期"活下去"的极其重要的产品，比如C&C08万门程控交换机等，使得华为终于有了进入通信技术行业的"入场券"和在中国市场上参与竞争的杀手锏。

但技术导向背景下的个人英雄主义，也浪费了公司很多钱，这不是由于他们个人的错误，而是当时华为的创新战略是摸着石头过河的，带有很大的盲目性和随意性，依靠一帮"天才人物"的智慧火花，进行拍脑袋式的研发决策，缺乏方向感。

任正非对曾经主管研发的徐直军说，你浪费了公司几百亿。徐直军笑着回应，我承认浪费了，但又贡献了几个千亿呢。任正非由此说，由于我们过去浪费了1000亿，积累了很多的人才、经验，包括给西方公司交咨询费接近300亿人民币，以15年左右时间打造了一个以客户需求为导向，前端是客户，末端也是客户的端到端的流程。这才从根本上改变了华为技术导向型的公司价值观和研发战略。

华为投入了世界上最大的力量进行创新，但华为反对盲目的创新，反对为创新而创新，华为推动的是有价值的创新。

20 年前，任正非就讲，你们要做工程师商人。IBM 在流程方面所建立的一套流程，验证和固化了这一导向。几年前，徐直军很自信地说，过去管 3000 人研发队伍，我们都觉得要失控了，现在 7 万多人我们管得好好的，你再给我 7 万人，我们照样可以管的很好。

什么原因？基于端到端这样一个研发流程，使得整个研发建立在理性决策的基础上，建立在市场需求——显性的客户需求与隐性的客户需求之上。失误率降低了很多，成本浪费大大减少，组织对个人的依赖也降低了。

在激烈的市场竞争，倘若对手优化了，而你却没有优化，那么，留给你的就只有死亡。思科在创新上的能力，爱立信在内部管理上的水平，都是华为远远不能赶上的。

因此，要缩短这些差距，华为人就必须长期持续地改良华为的管理，只有这样，才能让更多的客户更加青睐于华为的产品。

当然，在不断追求管理改进上，任正非也没有忘却坚决反对盲目创新。华为要有管理改进的迫切性，但也要有沉着冷静的头脑，减少更多的盲目性。

同时，华为不能因为短期地救急或者为了短期巨大收益，而做长期后悔的事情。尤为重要的是，在管理改革中，要继续坚持从实用的目的出发，达到适用目的的原则。

不久，他又在华为建立了统一的考评体系，推行以自我批判为中心的组织改造和优化活动，要求干部不仅要有敬业、献身精神，而且不要把创新炒得太热，不要随便、盲目地进行创新，要保持稳定的流程和规范化管理等等。

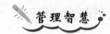

　　创新都是企业发展的核心和灵魂。创新是企业发展的不竭动力，是企业发展的核心所在。但是，如果一味地追求创新，一味地追求管理上的进步，那么，只会给企业的发展注入更多的阻力。

7. 发展也要站在巨人的肩膀上

关于创新，任正非有过这样一些观点，十多年前讲，"快三步是先烈，快半步是英雄"，讲的是产品创新的节奏，与企业投入产出环境的均衡。

2006年讲道，"创新就是在消灭自己，不创新就会被他人消灭"，讲的是信息技术时代企业的创新困境与悖论，既反映着创新对华为的极端重要性，又表现着一种强大的危机意识。

在1998年集成产品开发项目的推行过程中，IBM的顾问们发现了华为研发效率低下的一个主要原因，就是什么事情和产品都自己做。

IBM顾问提醒华为，集成产品开发的核心就是研发不是最终目的，成果可以在市场上赚钱才是关键。而要做到这一点，缩短产品上市时间是至关重要的。

任正非从善如流，2001年5月他委托在华为担任管理顾问的人大教授黄卫伟发表了一篇《收紧核心、放开周边，提高企业的生存能力》的文章。其主题就是自主开发要坚持"压强原则"，专注于通信网络核心技术的研究与开发，而其他非核心领域要逐步放开，采取各种合作模式来获得。

华为虽然拥有数量庞大的研发人员，具有在国内首屈一指的研发能力，但是与国际上的竞争对手相比，仍然是有差距的，即使在核心技术领域，华为也不可能面面俱到。

这个时候，华为必须坚持客户需求导向的原则，从投资回报的商业利益出发，来决定是采取自主还是合作。在与研发部门人员座谈的时候，任正非也反复强调，在产品开发的时候华为绝不能什么都自己做，只有自给自足的农民才会自己什么都做。

华为终于决定，要坚定地走出去，积极融入国际性行业组织中，广泛地与业界同行交流、合作、协调，特别是积极参与行业论坛以及行业标准开发组织，共同致力于行业的成长和发展。并在把握行业发展趋势的同时，顺应业界潮流、顺应相应的规则，厚积薄发、投放有序、广泛合作、优势互补，共同推进行业的发展和进步、构建良好的商业发展环境。

再者，在通信领域，与西方公司相比中国企业普遍起步较晚，当华为进入电信行业时，欧美公司已经在这个领域里持续地成长了数十年，积累了大量的智力成果。

作为这个行业的后来者，经过多年的实践，在华为公司的创新理念中，首先就是肯定和承认他人的优秀智力成果，避免闭门造车，在继承他人优秀成果基础上进行开放式创新。

2001 年，任正非向研发部门下达指示，务必将合作研发的比例从 2000 年只占研发总经费的 3% 逐步提高到 20%。

刚开始，这种硬性推进合作的方式并没有起到预想的效果，因为大多数华为研发人员固守之前的研发观念，强调独立自主，凡事只考虑自己做，从来不考虑后果。

这种观念在华为刚起步时是非常必要的，但是进入了 21 世纪，合作已经成为所有企业生存的一种方式，华为当然不能再执着于陈旧的开发观念。其所有研发人员必须扭转忽视合作的态度，在观念上、组织上、技术操作上、管理上对合作有一个较大的转变，切实地开展对外合作工作。

然而，他们很快就发现，问题还是出在华为研发人员固有的开发观念上。长期强调独立自主，使得研发人员原有的观念根深蒂固。

华为公司首席运营官洪天峰在宣传中指出：华为以前是成功，但不等于按现在的方法在将来也会成功，所以华为一定要扭转开发观念上的误区。

任正非对于华为在技术上做什么不做什么曾经有过这样的反思：过去我们对如何提高企业核心竞争力有误解，太强调自主知识产权的重要性，什么事情都要自己做才好。这是一种错误的观念，因为它没有从业务的角度去考虑提高我们的核心竞争力。

知识产权倒是自主了，但是自己做出来的东西总赶不上市场的时间，质量和竞争力也很差，这种自主知识产权有什么用呢？

任正非也承认，在这一点，国内对手中兴通讯等在这方面的思路都比华为更为开阔。技术出身的侯为贵并不迷信技术，他深信最先进的技术并不等于能为消费者所接受和欢迎的业务，所以他一直在努力寻找技术、市场和政策相结合的最佳产品。

小灵通就是一个很有说服力的例子，中兴通讯正是借助看似没有什么技术含量的小灵通，忽然发力，风头直逼华为。再比如思科有一个专门的合作部门，其中有上百位技术、财务、决策、计划等各方面的专家，他们每年都投入大量的资金专门寻找和评估各种合作机会。

任正非显然并不回避竞争对手的成功经验，他希望华为研发人员不光要扭转"独立研发"的观念，同时更要确立向竞争对手学习的良好心态。

2004 年华为推出一款 WCDMA 的分布式基站，相比传统的基站，运营商每年的运行、维护费用可节约 30%。但这款产品并没有革命性的技术，也不存在过多的技术含金量，仅仅是工程、工艺上的改进而已。

事实上，在产品工程的实现技术方面，华为也经常遇到瓶颈，包括算法、散热技术、工艺技术、能源、节能等方面的重重障碍。

要解决这些问题，华为也不全靠自主开发。考虑到等自主开发出来了，可能市场机会早没有了，或对手已在市场上构筑了优势，所以华为经常采用直接购买技术的方式来缩短差距并构筑领先。

1998 年，任正非就给华为定下了这样的目标：广泛吸收世界电子信息领域的最新研究成果，虚心向国内外优秀企业学习，在独立自主的基础上，开放合作地发展领先的核心技术，

华为副总裁、首席法务官宋柳平认为：在通信领域，中国企业普遍起步较晚，当华为进入电信行业时，国外的公司已经在这个领域里持续地成长了数十年，积累了大量的智力成果。

在华为的创新观念中，首先就是肯定和承认他人的优秀智力成果，承认与西方公司的差距，并勇于继承、善于继承，在继承他人优秀成果的基础上开展持续的创新。

2009 年，宋柳平在接受《南方日报》采访时说道："我先讲一个对应的概念'封闭式创新'。我们面临的是一个复杂多变的世界，不创新的公司必然灭亡，而采用狭隘的、封闭的模式，片面地强调全面'自主创新'，同样也是十分危险的。

"'封闭式创新'直接导致了创新活动的重复劳动，效率低下，而拒绝使用他人的创意和技术也就意味着放弃通过对别人成熟、先进的创意和技术的使用获得额外利润的机会。

"日本在 2G 移动通信时代，要发展一套自己的技术标准 PDC，正是因为这一完全'自主创新的'技术，导致其 2G 时代的网络与全世界的网络都不能兼容，成为了与世界不能兼容的'窄轨'。贝尔实验室的解体与后

来的朗讯被并购，也都深刻地表明了'封闭式创新'的后果就是被时代淘汰。"

在 2008 天津夏季达沃斯论坛"科学和技术的全球化"论坛上，思科公司首席科技官 Padmasree Warrior 提出，对于企业而言，自身的技术创新固然很重要，但借助互联网络在全球范围协作，可以进一步加速创新进程，这是今后发展的一大趋势。

相信，更多创新的理念都是在全球合作中不断产生的。虽然思科内部能产生很多的创新理念，但并没有舍弃与外界的合作，如与麻省理工大学合作研发，甚至直接从外部购入一些技术。"可见，创新已不单是一个企业或者一个部门所能完成的事情了。

管理智慧

华为能够有今天的成就，也得益于任正非和华为的 15 万员工，在长达 20 多年的发展历程中对寂寞和孤独的忍耐，对持续创新的坚守，以及对内外躁动的警惕。"忍者神龟"的喻意也许体现着科学精神、创新精神，乃至于真正的商业精神的本质。

8. 技术上的弯道超越

经过 24 年的发展，华为是迄今为止全球最为成功的电信设备厂商之一，至少从规模上看是如此。2010 年，华为实现销售收入 1852 亿元，成为全球第二大电信设备制造商。华为的电信设备也已经进入了沃达丰、英国电信等全球主流电信运营商的采购清单。

华为充分地利用中国生产要素的低成本优势，技术上紧跟先进企业，实行商业化的技术创新路线，取得了今天的成就。摆在华为等中国公司面前的问题是：跟随如何能到领先?

对于技术型公司来说，在研发上的巨大投入往往由于技术的变迁成为成本黑洞，只有投入却没有产出。例如著名的研发型企业、加拿大的北方电讯公司。

这家通信设备行业的百年老店一直非常注重前沿技术的研发，即使是在已经陷入困境的 2007 年，北电的研发投入仍然高达 17.23 亿美元，占当年营收的 15.7% 。

北电的产品研发历来非常超前：当市场上的光传播设备仍然是 10G 比特传输速率的时候，北电就开始投入巨资开发 40G 的产品，结果换来了高额的库存；当 3G 开始在全球大规模商用的时候，北电已经投入大量的研发资源在 LTE 和 Wimax 等 4G 技术上面。

北电的管理层一直奉行一种观念：要做就做最新、最好。公司 75% 的研发支出的投向是最新、最热门的技术。

对于已经在技术领域有着丰厚积累的西方企业来说，他们往往倾向于利用自己的先发优势，通过开发创新型的产品占据市场先机，从而获得高额的利润。而对于华为这样的后进企业，深知中国企业与欧美领先企业在技术上的巨大差距。

因此，华为在研发策略上一直采取跟随策略，即在行业的技术领先厂商首先研发出新技术和新产品、证明其有商业价值的情况下，华为才会投入大量资源进行产品级的开发。

华为虽然每年也会投入接近10%的营业收入在研发上面，但是这些研发支出的90%都投入到应用型技术的开发，只有10%投入到基础型的研究。按照华为的定义，"以客户需求驱动研发流程，围绕提升客户价值进行技术、产品、解决方案及业务管理的持续创新。公司在研发领域广泛推行集成产品开发流程（IPD），在充分理解客户需求的情况下，大大缩短了产品的上市时间，帮助市场和客户成功。"华为与领先运营商成立20多个联合创新中心，把领先技术转化为客户的竞争优势和商业成功。

随着华为在研发上的持续投入和长期积累，华为会一直跟随在竞争对手的后面，不断地缩小与他们之间的差距，并寻找赶超的机会。

2000年的时候，任正非曾经预言：华为的员工平均年龄只有二十七八岁，十年后才三十七八岁，正当年华，他们前赴后继，继往开来，一定会在未来十年内推动华为的发展与进步。

这就好比运动员跑长跑，华为一开始坚持跑在第二方阵的最前面，紧紧跟住第一方阵，当跑到弯道的时候开始加速进入第一方阵，最后获得领先地位，这也被称为华为的"弯道超越战术"。

例如，当年华为在无线核心网上就采用了这种战术。在核心网的R99版本的时候，华为紧紧地咬住了竞争对手，到了下一代的升级版本R4的时候，华为就一举超越了竞争对手。

当华为看准了某项技术之后，就会采用集中资源投入、集中开发的"压强战术"。早在1993年，华为就曾经把创业6年所积累的资金全部投入到C&C08数字程控交换机的研发上。

交换机产品取得优势之后，华为又将积累的资金主要投入到以SDH技术为核心的光网络传输产品上。此后，根据市场环境的变化，华为再将研发重点从有线转到了无线：从CT2、ETS等第一代模拟技术起步，转向第二代GSM，再到现在的3G技术。

因此，"压强战术"被证明是有效的，在3G专利方面，华为拥有的基本专利数量排名全球前5位；在4G（LTE）专利方面，华为已跻身全球前3位。在全球无线技术的竞争中，华为已经从2G的跟随者，跃进为3G的竞争者，进而成为4G的领跑者。

改革开放之后中国的制造企业之所以能够异军突起，很大程度上是因为拥有各种生产要素的低成本优势。作为技术型企业的华为同样具备了这些成本上的优势，例如华为能够将低附加值的纯制造业务外包给中国国内众多非常有竞争力的制造型企业。

与很多其他制造业企业不同的是，除了利用这些共有的资源成本优势之外，华为还充分利用了人才的低成本优势。

2004年，华为研发的人均费用为2.5万美元/年，而欧洲企业研发的人均费用大概为12—15万美元/年，是华为的6倍；华为研发人员的年均工作时间大约为2750小时，而欧洲研发人员年均工作时间大约为1300—1400小时（注：周均35小时，但假日很多），人均投入时间之比为2∶1。

当时华为有1.3万名软硬件研发人员，即使研发效率比不上欧洲企业，但是由于人力成本低，工作时间长，仍然能够开发出与欧洲企业的产品相媲美，但是成本却要低得多的产品。

华为不做最底层和最核心的研发，比如CPU、操作系统、核心芯片等。华为的主要精力放在非核心专用芯片的开发上。这类芯片的特点是数量较大，技术难度相对较小，应用规模是判断开发价值的关键。

只要产品能上规模，这种技术优势对降低成本的作用就非常明显。华为的基础研究部主要从事这方面的研究，每年都设计出几个主要芯片，再找美国、台湾、香港的专业芯片制造企业进行加工，用来替代直接购买的芯片，每年至少能够为华为节约上亿美元的成本。

此外，华为还做"板级开发"，即利用国内研发劳动力相对低廉的优势，花几倍的人力去降低整个电路板的成本。

比如华为有十几个人整天研究如何降低交换机用户板的成本，板子上任何一个器件的替换、任何一种可能的新设计都去尝试。因为每块板子只要降低一元钱，就会增加几千万元的利润。在研发上华为一直坚持"小改进，大奖励；大改进，只鼓励"的策略。

正是因为华为分享了中国人才供给快速增长的红利，才得以快速提升自身的技术能力。2008年，华为被美国《商业周刊》评选为"年度创新企业"，成为上榜的唯一一家内地企业。

截至2010年12月31日，华为累计申请中国专利31869件，PCT国际专利申请8892件，海外专利8279件。已获授权专利17765件，其中海外授权3060件。在LTE/EPC领域，华为基本（核心）专利数全球领先。

✎ 管理智慧 ✿

作为一个不断发展壮大的企业，一定不要害怕创新，相反，更应该敢于在创新方面出资。要知道，只有不断创新，才有更多的机会步入"天堂"，而这个机会同样也是掌握在自己手中的。

第三章

人才培养：走下去，需要更多的新鲜血液

互联网时代，人类创造财富的方式发生了根本的变化。信息网络给人带来的观念改变，使人的创造力得到极大的解放，人才已经成为财富创造中的第一因素。任正非强调，员工在企业成长圈中处于重要的主动位置，企业要重视对人的研究，让他在集体奋斗的大环境中充分释放潜能，从而更有力、有序地推动企业发展。

1. 用独特的方式激励员工

华为公司成立于 1988 年，从一个不足 20 人、注册资本仅 2 万元的小作坊，发展成一家现有员工 15 万（2013 年），年销售额近 700 亿美元的高科技企业，跻身世界电信制造业前五强。

华为公司主要从事通信网络技术与产品的研发、生产、营销和服务，并为世界领域专业电信运营商提供光电网络、固定网、移动网和增值业务领域的网络解决方案，是我国电信行业的主要供应商之一，目前已成功进入全球电信市场。

作为一家民营企业，华为一直推崇企业必须具有核心技术的自主研发能力，华为每年坚持以销售额的 10% 的资金作为研发经费，以技术创新来抢占市场先机。

截至 2013 年 10 月，华为在国际市场上覆盖 100 多个国家和地区，全球排名前 50 名的运营商中，已有 22 家使用华为的产品和服务。

作为我国高科技领域领先者的华为，无疑是中国当前最优秀、最成功的标杆企业之一。华为是如何获得令世人瞩目的成就呢？其中的原因很多，但华为独特的员工激励方式也算是华为一大法宝。人们不由得要问，是华为造就了一大批懂管理、技术以及销售的人才，还是一大批人才的聚集成就了如今的华为。

作为现代企业的战略性资源，人才是企业发展中最为至关重要的生产要素之一。从创业初期，华为总裁任正非就有很强的人才资源意识。

华为公司是深圳企业中最早将人才作为战略性资源的企业，很早就提出了人才是第一资源、是企业最重要的资本的观念，这在当时具有很强的超前意识。

很多企业当时乃至现在还停留在人力成本控制的概念上，而任正非在很早就提出了人力资本优先于财务资本增长的观点。

华为之所以取得巨大成功，就在于其在实践中探索出了一条积聚高科技人才的成功之道，并建立起一套行之有效的激励机制，吸引和留住高素质人才，激发他们的潜能，建立成大规模的研究开发团队，通过技术创新，获得自主研发能力，造就了技术华为、营销华为、管理华为。

《华为基本法》明确规定，负责管理有效的员工是华为最大的财富；人力资本是华为公司价值创造的主要因素，是华为公司持续成长和发展的源泉。

华为公司将人力资源的增值目标作为华为公司的战略目标之一。华为把这些作为其核心价值观。在实际运营中，华为也极为重视对人才的引进。

深圳曾流传，在华为门口让你登记的门卫可能就是硕士，在公司打扫卫生可能就是一个大学本科生，这也并非空穴来风。华为现有员工15万人，85%以上具有大学本科以上学历，员工主要来自各专业院校如北京邮电大学、南京邮电学院及全国十多所重点院校。

自成立以来，华为发展极为迅速，员工数量急速膨胀。1988年14人、1991年20多人、1995年800人、1997年5600人、1999年15000人、2003年22000人，到目前员工数为15万人，大量高知识高素质人才被招募华为旗下。如何对其进行有效的激励就是摆在华为面前一大难题。

美国哈佛大学教授威廉·詹姆斯通过调查发现，按时计酬的员工一般仅需发挥20%至30%的能力就能保住饭碗。但是如果受到充分的激励，员工的能力可以发挥到80%至90%，这说明其中50%至60%的差距是激励造成的。所以在一定程度上可以说，激励能极大地促进员工绩效。

而以人为本的华为对员工自然也有一套有效的激励机制，仅从激励方法来说可分为物质激励和精神激励。

在当今人力资源管理中，物质激励仍是一种人才激励的重要手段。华为作为我国当今高科技企业的佼佼者，是中国员工收入最高的公司，在外界的传说中，在华为工作5年以上的中层干部可以支付一条游轮。

华为的高薪一方面使得优秀的人才聚集华为，另外一方面也激励了人才的积极性。近来华为在国内各大名牌大学招聘到大量优秀学生，完全归于"杀手锏"——起薪点高，也就是华为所说的有竞争力的薪酬。

华为员工的薪资一般要高于同行业平均水平，只要所需人才一旦被聘用，就会享受优于同行业外资企业提供的薪资待遇；这与华为作为高效率、高压力、高工资一致性。

任正非深信，高工资是第一推动力，重金之下必有勇夫。华为实物收入的分配和奖励形式有：工资、奖金、安全退休金、医疗保障、股权、红利。其中工资是职能工资制；奖金的提取与利润挂钩，其分配是根据贡献与责任；退休金依工作态度；医疗保险按贡献大小；股金依贡献、责任和时间。

同时，华为采取按劳分配与按资分配相结合的分配方式，始终认为劳动、知识、企业家和资本共同创造公司的全部价值。在具体物质奖励中，华为坚持做事作风，既保证短期的激励，也要保证长期的激励，并真正把激励做到实处。

华为公司，一方面利用高工资进行短期的物质激励，另一方面注重长期的物质激励。华为的工资分配是实行基于能力的职能工资制。员工的工资不仅与其业绩挂钩，还与其工作态度、责任心和能力挂钩。

这使员工受到长期的激励，促使员工在做好份内工作的同时，还努力寻求自己能力的成长。职能工资制最能体现员工发挥其能动性和创造性。

只要能够施展自己的才华，每时、每刻、每个岗位、每条流程都能够成为员工发挥自己能力的舞台，这样的制度叫做全员接班制，从而为所有有能力的员工提供了一个宽松发挥自己才能的环境。

同时，华为所推行的员工持股制是华为公司价值分配体制中最核心、最有激励作用的制度。在股权上实行员工持股，但要向有才能和责任心的人倾斜，以利益形成中坚力量。

2012年财报中详尽披露了创始人任正非的持股比例。截至2012年12月31日，任正非作为公司个人股东，在公司出资比例为1.18%；同时，任正非参与员工持股计划出资占公司总股本的0.21%。以上累计任正非总出资占公司总股本的比例将近1.4%。

华为每年都会扩股，参与分享华为股票的员工逐年增加，2012年增加近万人，而任正非的持股比例因此被逐年稀释。2012年，华为进行了较大规模的配股，华为员工持股计划参与人数从2011年底的6.56万增长到2012年的7.43万。

资料显示，华为投资控股有限公司是100%由员工持有的民营企业，股东为华为投资控股有限公司工会委员会和任正非，工会的出资比例为98.82%。公司通过工会实行员工持股计划，截至2012年底，员工持股计划参与人数为7.43万人，全部由公司员工构成。

对于这种持股模式，孟晚舟解释说："华为成立之初，没有任何东西可以依靠，只有依靠员工，因此设计出了这种股权结构，并且得到深圳市政府的批准。从结果上来看，这种激励制度优越性是很明显的，'让员工利益和公司长期发展紧密结合一起。'"

华为的员工普遍持有公司股份的机会。每一个年度，员工可根据对其评定的结果，认购一定数量公司的股份。股金的评定以责任心、敬业精神、发展潜力、做出贡献为主要的标准。通过股权的安排，使最有能力和责任心的人成为公司剩余价值的索取者。

知识被转化为资本，成为华为这个以知识为生存根本公司，获得了源源不绝的生命力。华为公司的股权分配强调持续性贡献，主张向核心层和中间层倾斜。员工持股的激励是短期的激励和长期的激励相结合。

华为股权的分配不是按资分配，而是按知分配，它解决的是知识劳动的回报，股权分配是将知识回报的一部分转化为股权，从而转化为资本；股金解决的则是股权的收益问题，这样就从制度上初步实现了知识向资本的转化。

在华为总裁任正非眼中，华为的高效率、高压力、高工资。华为之所以为华为，归结到一点就是华为有效的激励机制，使华为能够吸引和留住一大批优秀的技术、市场、管理人员，通过人才垄断和锻造，造就了华为当今的人才优势。

华为作为高技术企业，知识性员工占多数，其员工的激励不能再停留在生存和物质利益的阶段，而要更加关注员工受到尊重、自我实现等高层次的精神需要。

华为通过氛围的营造，充分释放人的潜能，使人处于高度激励的状态之下。在华为公司里，员工85%以上拥有较高的学历或职称，是知识型的员工。

华为公司不断追求和探索针对知识型员工采取合适的激励措施，取得了许多华为特色的成果，成为华为公司能实现高效创新的秘诀之一。

独特的激励机制，让华为人一直引以自豪。华为精神激励和高工资、员工持股的物质激励使华为不仅吸引了一大批优秀的技术、管理、市场人才，也给华为带来了飞速的发展。也正是华为有效的人激励机制，人才大量的聚集，使华为国际化之路更加稳健。

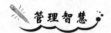 **管理智慧**

　　在竞争激烈的现代社会中，有效的激励机制是企业高效率的保证，也是企业的生存之道。华为的人才激励机制创新性的顺应了发展的要求，满足了企业的管理需要的同时也实现了企业的可持续发展。

2. 尊重知识，尊重人才，重视员工培训

华为技术有限公司成立于 1988 年，是由员工持股的高科技民营企业。

华为专门从事通信网络技术与产品的研发、生产、营销和服务，为世界领域专业电信运营商提供移动、宽带、IP、光网络、电信增值业务和终端领域提供网络解决方案，是我国电信市场的主要供应商之一，并已成功进入全球电信市场。

历经近 20 年的风风雨雨，华为已从一个不足 20 人、注册资本仅 2 万元的小作坊，发展为截至 2013 年员工约 15 万人，实现年销售额 2000 多亿元人民币（其中海外销售额突破 65%）的高科技企业，跻身全球电信设备供应商前 10 强。

作为全球领先的下一代电信网络解决方案供应商，华为致力于向客户提供创新的满足其需求的产品、服务和解决方案，为客户创造长期的价值和潜在的增长。

目前，华为的产品和解决方案已经应用于全球 100 多个国家，以及 31 个全球前 50 强的运营商，服务全球超过 10 亿用户。

截至 2013 年，全球 50 强运营商中，包括 Vodafone、BT、Telefonica、FT/Orange 等在内的 50 家选择了华为作为合作伙伴。由此可见，华为与众多世界领先的运营商建立了长期、稳固的伙伴关系。

不仅如此，在发达地区市场，华为产品与解决方案广泛应用于英国、法国、德国、西班牙和荷兰等欧洲国家，并在日本和美国市场相继取得新

的规模突破。

通信业是一个高投入、高技术含量的行业。华为清楚地意识到要想在市场上立足，技术创新必不可少，而且技术投入量直接反映了企业在市场上的竞争力，一定程度上也决定了企业能否得以持续发展。

华为总裁任正非认为，"不创新是华为最大的风险"。因此，华为始终坚持走自主研发的道路，并确定专注于通信核心网络技术的研究与开发。

在研发上，华为不惜巨额投入，每年以不低于其10%的销售额为其研发投入，甚至在电信业最不景气的2002年，其研发投入的资金也占其总营业额高达17%的比例。

不仅如此，华为还通过企业立法的形式，将每年不少于10%的销售收入投入研发写入了华为基本法。正是巨大的研发投入铸造并确保了华为这一业界公认的技术创新者和领先者之标杆。

华为是我国企业自主创新的典范。而技术创新又离不开创新型人才队伍建设。因此，华为非常重视选拔和招聘创新型人才。

正如华为公司在其网站职位招聘中的社会招聘和校园招聘两个页面上同样写着：认真负责和管理有效的员工是华为最大的财富。尊重知识、尊重个性、集体奋斗和不迁就有功的员工，是我们事业可持续成长的内在要求。

目前，在华为15万多名员工中，有近半数从事研发工作。对于研发人员，华为非常注重选拔、招聘创新型人才，并以最优厚待遇吸引优秀的研发技术人才加盟，获取技术创新型人才。

在获得人才，特别是研发人才之后，华为还会采取多种方式培训来提高研发人才的科研水平，形成了华为独有的培训体系，使华为更趋于学习型组织。

在华为，所有的员工都要经过严格培训，合格后方可上岗。为此，华为建立了自己的培训学校和培训基地。

随着华为全球化步伐日益加快，对人才，特别是研发人员，华为的需求也是越来越大。华为在走向国际化的过程中，也培养了一批职业化的队伍。

36岁的袁子文，是华为海外最大的研究所——印度研究所的所长，他领导的团队——华为印度所目前有600多名软件业的优秀人才，其中，大多数都是印度和中国的软件高手。华为国际各代表处的代表，也都很年轻，如三十岁出头的杨蜀，是泰国代表处的代表。

近年来，华为在泰国的年销售超过1亿美元。2002年，华为STM–64光传输产品再度荣获国家科技进步二等奖，该项目的第一完成人张平安，是所有获奖人年龄也是最小的，才31岁。

目前华为构建了适应知识经济的人力资源管理模式。在知识经济中，人力资源是企业价值增值的重要源泉。

华为也深深意识到相比较传统的物质资本投资，人力资本投资和研究开发投资是回报率最高的投资，因而，华为是非常重视对人才，特别是研发人才的培养。

特别值得一提的是，华为公司在《华为基本法》第二条就对员工做过如下规定：认真负责和管理有效的员工是华为最大的财富。尊重知识、尊重个性、集体奋斗和不迁就有功的员工，是我们事业可持续成长的内在要求。

甚至还把这条规定放置于其网站职位招聘中的社会招聘和校园招聘网页的中心地位，可见华为公司对人才的尊重和重视程度。

华为公司，不仅尊重人才、重视人才，而且在意培养人才。在华为公司，人力资源管理目标是建立一支宏大的高素质、高境界和高度团结的队伍；创造并营造一种自我激励、自我约束和促进优秀人才脱颖而出的人才培养机制。华为公司通过构建人才培养机制，以解决组织发展中的人才瓶颈。

华为还在海外设立了 28 个培训中心，为当地培养技术人员，并大力推行员工的本地化。截至 2006 年 9 月，华为海外员工的本地化比例超过了60%。

华为是中国企业多年来研发投入比例最高的企业。以 2005 年为例，当年的研发投入超过 60 亿元，占销售额的 13%，比一般国际大企业的8%—12% 还要高。

目前，15 万多名员工中 48% 从事研发工作。在 2006 年底，华为已累计申请专利超过 19000 件，连续数年成为中国申请专利最多的单位。

作为一家全球领先的企业，华为公司以不断创新的精神，创造出令世人惊叹的成绩。随着华为公司国际化战略的纵深发展，对于人才培养提出了新的要求。

在人力资源管理上，华为从 1997 年开始就与 Hay Group（合益集团）合作进行人力资源管理变革，并在 Hay 公司的帮助下，华为建立了职位体系、薪酬体系、任职资格体系、绩效管理体系及员工素质模型。

在此基础上，华为对员工的选、育、用、留原则和对干部的选拔、培养、任用、考核原则。正是基于这种与国际接轨的人力资源管理变革，使华为公司在人才培养方式上与国际接轨。

✎ 管理智慧

不创新是华为最大的风险。因此，华为始终坚持走自主研发的道路，并确定专注于通信核心网络技术的研究与开发。

3. 向优秀员工倾斜

华为是中国最早将人才作为战略性资源的企业，其人力资源管理体系更是华为 26 年来持续发展的动力和关键。华为总裁任正非用"狼狈组织""少将连长"等词汇诠释华为在员工激励、组织建设、干部管理等方面的管理智慧，道出了华为人力资源管理的核心。

任正非说："有成效的奋斗者是公司事业的中坚，是我们前进路上的火车头、千里马。我们要让火车头、千里马跑起来，促进对后面队伍的影响；我们要使公司 15 万优秀员工组成的队伍生机勃勃，英姿焕发，你追我赶。"

"给火车头加满油"意喻：要按价值贡献，拉升人才之间的差距，让列车做功更多、跑得更快。不能按管辖面来评价人才的待遇体系，一定要按贡献和责任结果，以及他们在此基础上的奋斗精神。

这充分体现了华为公司的价值评价和价值分配的导向，向优秀的奋斗者倾斜，给火车头加满油，让千里马跑起来，让奋斗者分享胜利的果实，让惰怠者感受到末位淘汰的压力。

任正非把华为公司里一些"歪才""怪才"比喻成"歪瓜裂枣"，即那些绩效不错，但在某些方面不遵从公司规章的人，尤其是一些技术专家，都有着特别的个性和习惯。

歪瓜是指长得不圆的西瓜，裂枣表面平滑但有裂痕的大枣；但实际意义是歪瓜裂枣虽外表丑陋，但它们反而比正常的西瓜和枣甜。

任正非说：公司要宽容"歪瓜裂枣"的奇思异想，以前一说歪瓜裂枣，就把"裂"写成劣等的"劣"。你们搞错了，枣是裂的最甜，瓜是歪的最甜，他们虽然不被大家看好，但我们从战略眼光上看好这些人。

今天我们重新看王国维、李鸿章，实际上他们就是历史的歪瓜裂枣。我们要理解这些"歪瓜裂枣"，并支持他们，他们可能超前了时代，令人不可理解。你怎么知道他们就不是这个时代的梵高，这个时代的贝多芬，未来的谷歌？"

如何合理的评价这些人，让这些"歪瓜裂枣"真正发挥自己的价值并获得与其贡献相符合的回报？华为《管理优化》中提出："作为管理者，要在公司价值观和导向的指引下，基于政策和制度实事求是地去评价一个人，而不能僵化的去执行公司的规章制度。在价值分配方面要敢于为有缺点的奋斗者说话，要抓住贡献这个主要矛盾，不求全责备。"

在任正非近年的不少讲话中，多次提到"少将连长"这个词，他说："少将有两种，一是少将同志当了连长，二是连长配了个少将衔。"

华为出现"少将连长"可能至少有两个途径：第一，是高级干部下到基层一线，当基层主管，带小团队冲锋陷阵，充当尖兵；或者如同重装旅，作为资源池，到一线协调指挥重大项目、建立高层客户关系、建设商业生态环境，充分发挥老干部的优势。

第二，"连长配了个少将衔"，就是提高一线人员的级别，一线基层主管、骨干因为优秀而被破格提拔，职级、待遇等等达到了很高的水准，这样，就会引导优秀人才到一线、长期奋斗在一线，逐渐筛选出优质资源直接服务客户，从而创造更大的价值。

自华为创办以来，从来都不在报酬与待遇上斤斤计较，而是坚定不移地向优秀的员工倾斜。在工资分配上，华为也是实行基本能力之上的职能工资制；华为的奖金分配也与部门与个人的绩效改进挂钩。

　　而且其安全退休金等福利的分配也是通过工作态度的考证结果进行分配的；并且华为为员工购买的医疗保险也是按照贡献的大小，对高级管理与资深专业人员与一般员工实行差别待遇的。

　　因此，华为内部的一些高级管理与资深专业人员除了享受医疗保险之外，还享受诸多分行待遇。华为在坚决推行基层执行操作岗位，实行定岗、定员、定责、定酬，以责任与服务作为评价依据的待遇系统，而且还以绩效目标改进作为晋升的依据。

　　华为在报酬与待遇上坚定不移地向优秀员工倾斜。工资分配实行基于能力之上的职能工资制；奖金的分配与部门和个人的绩效改进挂钩；安全退休金等福利的分配，依据工作态度的考评结果；医疗保险按贡献大小，对高级管理和资深专业人员与一般员工实行差别待遇，高级管理和资深专业人员除享受医疗保险外，还享受诸多健康待遇。

　　在华为，职位不单单是权力的象征，而且也是收入的象征。如荣誉奖，华为把职权和货币收入捆绑在一起。得到一个比较高的位置，从这个位置上获得的收入是起源收入的若干倍。

　　另外职权的激励在华为是非常重要的，为华为留住人才起到了非常大的作用。通过一定的职位给一部分员工提供晋升的机会，从而使员工有更强烈的进取心。更有就是增加员工工作的满意程度，获得员工的认同感与忠诚度。

　　在华为，良好的氛围是华为宝贵的财富。其实在良好的氛围中工作，本身就是一种奖励，有员工就表示，这种满意感，也正是华为吸引他们的最大的原因。

　　在通常的观念中，工作被看成是谋生的手段，是为了索取报酬而必须付出的代价，工作和生活在内容上、时间上都有明确的分界线，在8小时之内，员工认为自己"卖"给了公司，8小时以外则是自己的时间。

华为员工正在改变这种观念，努力让大家把公司当成是一个大家庭，把大家的工作是为了共同的事业。在 8 小时之外，公司也对员工关怀备至，常组织多种多样的活动丰富员工的生活，使员工把从中获得良好的心情和精力带入到工作中来。

公司还采取灵活多变的方式来增加工作的趣味性，例如，会选择高级的度假酒店来召开会议，这时与其说员工是在工作，还不如说他们是在享受。

又如，华为给予工作小组一定的活动经费，鼓励他们下班后走出公司去共同活动，而不是各回各家，他们聚集在一起可以进行打球、聚餐等多种多样的活动。

其实，华为此时已把工作的含义扩充，即工作可以是享受，也是生活的一部分。其实当我们利用的是员工的知识和智力时，由于员工无论是在公司内还是外，思想上有一定的延续型，工作和非工作的界限可以被模糊。华为的种种做法是聪明的，也有效地增加了员工工作的满意度。

总之，华为利用物质激励与精神激励等方法相结合使用。物质激励是基础，精神激励是根本，在两者结合的基础上，以精神激励为主。所以华为取得今天辉煌业绩，所推行的高工资制和激昂的精神教育这两种政策分不开的。

管理智慧

在任何企业里，良好的报酬与待遇都是促进员工工作效率的有效手段。如果企业没有良好的薪资待遇，就很难激发起员工的积极性。此外，企业只有做到向优秀的员工倾斜，才能激发一些落后的员工向优秀之列进军，这样才能提升企业整体的效率。

4. 集体奋斗的土壤，种子长得更好

华为公司十分重视对员工的培训工作，每年为此的付出是巨大的。原因一是中国还未建立起发育良好的外部劳动力市场，不能完全依赖市场解决。二是中国还未实现素质教育，毕业生上手的能力还很弱，需要培训。三是信息技术更替周期太快，老员工要不断充电。对员工的培训，已逐渐形成制度。

华为每年招聘大约 3000 人，专门有个新员工培训大队，还分了若干中队，不少高级干部包括副总裁担任小队长。新员工关起门来学半个月的企业文化，从思想上建立统一的认识。

新员工写的一些个人感受的文章被编成了一本书，叫《第一次握手》，来培育团结合作、群体奋斗的精神，从而推动实现集体奋斗的宗旨。

将来在工作中，会更多地放松一些对个性的管理，有了这种集体奋斗的土壤，个性的种子才能长成好庄稼。

华为尽量更多的创造一些培训的机会，但岗位的设置一定要依据能力与责任心来选拔。进入公司以后，学历、资历自动消失，一切根据实际能力、承担的责任来考核识别干部。

华为还建立了一种思想导师的培养制度，从中研部党支部设立以党员为主的思想导师制度，对新员工进行指导开始。公司正在立法，以后没有担任过思想导师的员工，不得提拔为行政干部，不能继续担任导师的，不能再晋升。

对员工进行培训，是企业发展的必备需求，也是企业必需的投资方式，一个企业想要使全体员工接纳企业的文化理念，并且不断地发展进步，就必须对全体员工进行持续不断的培训。或许，全员培训不能完全保证企业长盛不衰，但不对员工进行培训，企业最终会因企业理念得不到员工的理解而走下坡路。

华为历来重视员工的培训，在华为，无论是新员工，还是老员工，都会持续不断地接受培训。任正非曾说："在华为，人力资本的增长要大于财务资本的增长。追求人才更甚于追求资本，有了人才就能创造价值，就能带动资本的迅速增长。"

一些企业在招聘时喜欢招有经验的人，而华为则更加青睐应届毕业生，希望给这些年轻人一些机会。但是，任正非也认为，刚刚走出大学的毕业生，会面临在学校所学的理论知识和在公司所用的实践知识不一致的矛盾，解决这一矛盾的方法，首先是进行培训。

因此，从"一张白纸"开始，华为在这些应届毕业生身上投入了大量人力和物力。在正式加入华为前，每个人都需要参加为期 20 天左右的企业文化培训。

在培训期间，他们会获得一个编号，这代表他们是第几个进入华为的员工，例如获得编号"1101"，就表示他是第 1101 个进入华为的。在培训时，公司会从生产、市场和管理一线抽派资深员工与新员工进行近距离交流，从而保证了培训永远不与现实脱节。

同时，参加培训的员工会拥有一个培训档案，所有培训内容、考试结果、教官评语和培训状态都将记录在档案中。正式入职后，这名员工的主管首先看到的就是他的入职培训成绩，而员工此后的加薪、晋升也都是依据其在培训中的表现决定的。

培训结束后，每个人要进行严格的任职资格考试，考试的结果决定参与培训的员工是否可以被录用。考试合格的员工会有三个月的试用期。

在这期间，部门都会安排一位资深员工作为其导师，在工作、生活等多个方面对其进行帮助和指导，帮助他们解决在工作和生活中面临的难题，导师要对新员工的绩效负责，而新员工的绩效也直接影响导师的工作绩效。

通过一系列培训，新员工能够快速了解华为的价值观、经营理念以及企业文化，使他们能够更容易且快速地融入华为的企业氛围之中，同时也能提高他们的专业技能，提高他们的竞争力。

据不完全统计，华为每年在员工培训上的支出多达上亿元。2005 年，为了能够把华为打造成学习型组织，华为更是花费巨资成立了华为大学，为所有华为员工及客户提供众多培训课程，从而为每个员工和客户的事业发展提供有力的帮助。

在华为内部，还配有一支由来自各所名牌大学的教授，以及一些研发中心退休的老专家所组成的教授专家团队，他们利用自己丰富的工作经验，为所有员工提供顾问支持，解决员工所遇到的难题。

通过一系列的培训，华为的员工提高了自身能力，而华为也获得了真正的人才，推动了企业的发展，企业和员工达到了双赢。

早在 20 世纪 80 年代，摩托罗拉公司就曾做过一项关于培训收益的调查。最终的结果显示，企业每投入 1 元的培训费用，在三年内可实现 40 元的生产效益，这充分说明企业培训员工的重要性。

而在当今中国的企业中，许多成熟的企业也都像华为一样，十分重视员工培训在企业发展中的重要地位。

例如，在阿里巴巴，每一位新入职的员工都要参加为期两周的企业文化方面的培训，无论你是普通员工还是高管，都不能缺席。通过培训能够帮助新员工迅速了解阿里巴巴的历史、现状、价值观等。

培训期间学员们一起上课、拓展、游戏，从而增强他们的团队合作意识。在培训期间，只要马云身在杭州，他就一定会亲自给新人们上课。

除此之外，阿里巴巴还针对不同岗位、职位的员工设有"百年诚信""百年大计""阿里夜校""阿里课堂"等培训项目，提升不同员工的业务能力。在这种"荷枪实弹"的培训下，阿里巴巴的员工快速地成长起来，阿里巴巴自然也日益变得强大。

海尔集团同样重视员工培训。海尔建立了一套完整的人才培训机制，最大限度地激发每名员工的潜力，将海尔的文化理念灌输到了每一名员工的头脑中。

为了能够培养出合格的管理人才，海尔集团还专门筹资建立了用于内部员工培训的基地——海尔大学，同时建立起了可随时调用的师资队伍，与国内外著名的大学、咨询机构以及知名企业的近百名专家教授建立了外部培训网络，从而使企业保持了高速稳定的发展。

管理智慧

在当今这个高速发展的社会中，一个企业能否取得成功，取决于企业员工的知识、能力，更取决于他们的创造性和主动精神以及对企业文化的理解与实施，而培训的意义就在于此。

5. 华为用知识赢得尊重

现在，中国通信制造业的能力到底有多强？在法国戛纳举行的全球无线领域最高级别的 3GSM 世界大会上，来自中国深圳的华为公司向世界展示了中国的实力：华为展示了全套的 WCDMA（宽带码分多址）商用解决方案，GSM、GPRS（通用分组无线业务）、移动智能网以及移动光传输解决方案。

在现场，他们还开通了 WCDMA 网络，用多款手机演示了 3G 业务。华为公司在戛纳可谓出尽了风头，在世界移动通信重镇——欧洲，他们"用知识赢得了尊重"。WCDMA 是当今最先进地移动通信技术，华为在这个领域跻身世界水平，让人看到了它的不俗。

其实，像所有成功的企业一样，华为公司是付出了多年艰苦的奋斗才换来了今天令人瞩目的成绩。

华为技术有限公司成立于 1988 年，是一家员工持股的高科技民营企业，专门从事通信网络技术与产品的研究、开发、生产和销售，为电信运营商提供光网络、固定网、移动网/企业网和增值业务领域的网络解决方案，是中国电信市场的主要供应商之一，并已成功进入全球电信市场。

华为成立之初仅拥有几十名员工，最初的业务只是代理销售外国企业的小交换机。那时，程控交换机在中国还是空白。国家电信网内呈"七国八制"（七个国家的八种设备）的格局。

20 世纪 90 年代初，华为开始开发具有自主知识产权的程控交换机，这一发便不可收拾。在 20 世纪 90 年代中期，中国电信技术设备市场还基本上是跨国公司的天下。

到了 1996 年、1997 年，以华为公司的代表、新崛起的中国电信设备制造商，便从世界知名的电信巨头手中夺回了相当大部分的市场，在交换机、接入网、光网络等领域开始形成了一股"中国势力"。

华为的年销售额从 1992 年的 1 亿多元，到 1997 年攀升至 41 亿元。从这一年开始，华为公司和其他中国通信企业，终于让世界电信巨头们感受到了其顽强的生命力和存在。对于仅仅前几年还生活在外国公司"夹缝"中的他们，这无疑是一种胜利。

他们并没有停下脚步。几乎与此同时，华为就开始了海外业务的拓展，对于刚刚在国内市场站稳脚跟的华为，这样的决策是令人震惊的，风险和挑战是巨大的。但结果证明是明智的。

2000 年华为进入了大收获"季节"，当年海内外销售收入达到 220 亿元，2001 年则达到 225 亿元，海外销售超过 3 亿美元。

2002 年，是全球 IT 业的低潮，华为的年销售收入仍达到了 220 亿元，更重要的是海外市场增长了 70%，达到 5.5 亿美元。

2002 年，对华为来说是一个不同寻常的一年，不仅熬过了电信业的"冬天"，其综合实力在各方面都得到了印证：员工数量达到了 22000 多人，其交换接入设备网上应用突破一亿端口，获得了国家科技进步奖一等奖，3G 产品同步世界领先水平。

华为所取得的成绩是付出了极大的心血的。华为打入海外市场的突破口是第三世界国家和一些很有潜力的欠发达国家，经过近十年的发展，现在华为的设备已经在非洲、南美、东南亚、东欧，甚至在欧洲一些发达国家，如德国、法国、西班牙等 40 多个国家昼夜运转。

华为的工程师说，最初开拓市场时，很多国家对中国高科技产品知之甚少。虽然"中国制造"遍布世界，但华为带来的技术才让他们真正了解了当今中国的真实水平。

比如，苏联人曾在 50 年代帮助过我们做晶体管收音机，但是现在我们在通信技术上的发展使他们大跌眼镜。

华为人靠的是智慧和耐力。用他们的话说，就是"屡战屡败、屡败屡战"，人家不认可你，项目招标时甚至连邀标的机会都没有。他们就是在这样的逆境中，通过不懈的努力最终扭转了局面，获得了认可，最终争取到市场的。

在俄罗斯，华为经过了 6 年的努力和等待，最终取得一年超亿美金的业绩。去年底，华为还承建了俄罗斯 3797 公里超长距离 320G 国家传输网。在欧洲，华为已经小有名气，他们的 STM－64 光传输系统成功应用于德国 PFALZKOM 本地网和 BERLICOM 城域网。

今年三月初，又与法国 LDCOM 公司签定了 DWDM 国家干线传输网合同。华为的成功拉开了中国高端光网络产品规模进入欧洲等发达国家电信市场的序幕，标志着国产光网络产品达到世界一流水平。

华为赢得市场，"中国制造"在产品上的价格优势也是重要的因素。华为积聚了大量来自著名高校的毕业生。

这些年轻人具有很强的团队意识，工作勤奋努力，可以说是这一代人中的优秀分子，他们的工资只有发达国家的五分之一到三分之一。这是中国高科技制胜的法宝，华为是走向海外市场的先行者。

然而，只有知识才能赢得尊重。对于高科技产品，价格并不能解决一切。关键还在于研发能力和技术上的自主。

2002 年，华为以 1003 件的专利数，在国内企业的发明专利申请量中居首位，与申请量第一位的国外企业——韩国三星株式会社并驾齐驱，首次实现国内企业在申请量上与国外企业持平，华为因此被国内媒体称为

"企业发明冠军"。

华为专利申请一直保持超过 100% 的年增长率，受到政府和业界的关注。据国家知识产权局统计，截止到 2002 年，华为累计申请专利 2154 件，获得专利授权 329 件，申请 PCT 国际专利和国外专利 198 件，是发展中国家申请 PCT 国际专利最多的公司之一。

华为一贯高度重视对自身知识产权的保护和投入，每年对研发的投入超过其销售额收入的 10%。2002 年华为研发投入就达到 30 亿元，用于专利申请的费用超过了一千万元。

在华为两万余名员工中，研发人员占到 46%，达一万多人。华为在全球范围内包括北京、上海、印度、俄罗斯、瑞典、美国等地成立了 10 多个研究所，其 NGN、WCDMA 以及 ASIC 芯片都是跨国同步开发。

华为常常强调自身的核心竞争力和管理进步，以此保障发展的持续性，在这方面，华为也是走在别人的前面。

早在 1999 年，华为就与 IBM 开展合作，引入了集成产品开发（IPD）系统和集成供应链（ISC），更有效地管理产品开发，达到市场快速反应，缩短开发周期，减少报废项目，降低成本。

到 2002 年，华为所有产品线全面纳入 IPD 流程。有人说，这是国内投入最大的一次管理变革项目。华为总是这样为未来投资。

不断地为未来投资，使华为在短短 14 年里取得了巨大的成绩。华为的崛起，是一个奇迹。它打破了中国高科技产品走不出国门的宿命。它是一种中国期待已久的新生事物。

管理智慧

只有知识才能赢得尊重。对于高科技产品，价格并不能解决一切。关键还在于研发能力和技术上的自主。

6. 在华为，能力比资历重要

对每个企业来说，都是以赢利为目的的，其生存的基础与目的就是实现利益的最大化。然而，企业的发展始终离不开人才，而人才的选拔始终都是一门博大精深的学问。

其实，资历只是一件华丽的外衣，唯有内在的能力才是企业真正需要的，也唯有如此，才能促进企业的良好发展。

华为不是以学历、资历定待遇和报酬，而是以能力和贡献来定待遇和报酬。而能力和贡献又是通过实践来检验的，华为希望每个人都有实干精神。

实践改造了人，同时也造就了一代又一代的华为人。华为公司一个深入人心的理念就是，你想做专家吗？那么从工人做起吧！应聘者不管是博士、硕士还是学士，进入公司一周后，一切地位均要消失，一切凭实际才干定位，这已为大多数公司所接受。

任正非提倡既要努力学习，又要"做实"，反对好高骛远，追求不切实际的目标。要把员工"做实"，工眼高手低的状况要克服，做一个踏踏实实的、在本职工作中有些作为的人。

杨玉岗1998年刚进华为的时候，正赶上华为提倡"博士下乡，下到生产一线去实习、去锻炼"，身为博士，他顺理成章地也去生产车间实习。

实习完之后，杨玉岗被安排到电磁元件工作岗位上，作为堂堂的电力电子专业博士，他认为，自己理所当然应该干项目，而且应该干大项目，结果却让他干电磁元件这种"小事"。杨玉岗有一种不被重用、被埋没的感觉。

在他看来，电磁元件的工作既无成就感，又无发展前途，而且只能用到自己所学的很小的一部分专业知识，真所谓杀鸡用了宰牛刀。出于服从领导的分配，杨玉岗硬着头皮勉强干上了电磁元件这"不起眼"的行当。后来工作的经历和体验让他认识到，电磁元件虽小，学问却很大。

杨玉岗到电磁元件岗位不久，华为电源产品因某种电磁元件故障，导致运行不稳定，在市场上频频告急，一度造成某些地方的系统瘫痪。华为因此而丢失了很大的订单，经济损失巨大。

在严峻的形势下，研发部领导把解决该电磁元件故障的重任交给杨玉岗。当时杨玉岗对公司产品了解不多，没有设计电磁元件的经验，只是凭着工程部领导和同事的支持与帮助，经过多次反复与失败，设计思路才渐渐清晰。

经过 60 天日夜奋战，杨玉岗等人硬是把电磁元件这块硬骨头啃下来了，使该电磁元件的市场故障率降为零，每年节约成本 110 万元。此后两年，华为所有的电源系统都采用了这种电磁元件，再未出现过任何故障。

这让杨玉岗认识到，电磁元件虽小，里面学问却大。公司发展无止境，电磁元件的研究也永无止境。做大事，必先从小事做起，否则，在成长与发展的道路上就要做夹生饭。他发现当初领导让他做小事是对的，而自己又能够坚持下来也是对的。

杨玉岗后来在《板凳要坐十年冷》一文中写道："在 1997 年的毕业典礼上，清华的王大中校长告诫各位学子：'虽然你们取得了博士学位，但是你们今后学习的道路还很长，学习，学习，再学习，应该伴随你们的一生，这样，你们才能不断进步。'带着校长的嘱托，牢记清华'自强不息，厚德载物'的校训，我在华为——人生第二学堂实践中体会了'不断学习，不断实践，自我批判，不断改进与完善'的意义。"

杨玉岗的亲身经历证明：从实践中来到实践中去，培养实干精神是华为人成材的必经之路。

人才的发展能力是最重要的。很多企业在招聘员工时都非常注重应聘人员的工作经验，在招聘简章上经常可以看到对从业年限的要求。

华为公司在招聘、录用过程中，最注重员工的素质、潜能、品格、学历，其次才是经验。华为与众不同，华为邀请一名员工加盟，首先要看他的成长能力。

华为的团队不唯学历、不唯经验，只唯发展潜力。华为认为：一个可发展的人才更甚于一个客户或一项技术，一个有创造性的人才可以为公司带来更多的客户，我们宁愿牺牲一个客户或一项技术换一个人才的成长。

1991 年，从中国科技大学毕业的胡红卫顺利通过了招聘考试，成为一名华为正式员工，他是华为的第 31 名员工。顺利进入了华为，但胡红卫心里还是有点忐忑不安，他在中国科技大学学的是精密仪器专业，而华为主要做通信产品，他在华为工作，显然专业不太对口。

但专业问题并没有成为胡红卫晋升的阻碍。胡红卫自最基层干起，以技术员和助理工程师的身份，参与了华为 C&C08 数字程控交换机的开发，其后又先后担任了产品试制段长、计划调度科长、仓库部主任、生产部经理等职务。

不足四年，因能力出众，胡红卫就被提拔为制造部总经理、计划部总经理，1995 年荣任华为副总裁。这是华为在用人上不唯经验、注重潜力的典型诠释。

很多公司只相信老员工的能力，对新员工十分不放心，不敢委派重要任务。华为的做法与众不同。华为市场部门有一句话："天下没有沟通不了的客户，没有打不进去的市场。"

为让新员工得到锻炼，华为一度不是派有丰富经验的员工，而是派一些刚从学校毕业、没有任何社会经验，尤其是没有任何市场开拓经验的新员工去做市场。目的是训练新员工开辟新路的勇气和能力。

华为的这种策略使大批新员工在实践中得到了锻炼，一批批新员工在磨炼中成熟，成为经验丰富的老员工。这样，华为员工的整体能力越来越强，综合素质越来越高，避免了新老员工两极分化问题。

中国还未建立起发育良好的外部人才市场，华为所需要的人才不能完全依赖在市场上解决。由于新员工经验不足，毕业学生上手的能力还很弱，潜力需要通过培训发掘、训练，华为公司十分重视对员工的培训，每年在员工培训方面的开支都非常庞大。信息技术更替周期太快，老员工也要不断地充电。

外界称华为的待遇很高，实际上，华为待遇标准仅是中国业界最佳的80%，华为最吸引人才的地方除了相对高薪外，更重要的是良好的培训体系。

2000年后，华为每年在新员工培训上的支出就达数亿元。华为在深圳总部以及全国各地，甚至海外建立了众多员工培训基地，这种对员工培训特别重视的理念，吸引了包括众多外资企业员工在内的大量人才，这使那些仅仅为挣钱的人不愿来到华为，而那些为了干一番事业的人则十分踊跃来到华为。

华为有一个普遍培训原则是员工之间相互培训，已形成制度。华为还建立了思想导师的培养制度，中研部党支部设立以党员为主的思想导师制度、对新员工进行指导。任正非要求，没有担任过思想导师的员工，不得提拔为行政干部，不能继续担负导师的，不能再晋升，要把培养接班人的好制度固化下来。

华为实行的首长负责制，以各部门总经理为首，隶属于各个以民主集中制建立起来的专业协调委员会，形成少数服从多数的民主管理，议事但不管事，决议由各部门总理去执行。

任正非实行的民主集中制主要就是要让员工充分发表自己的看法，然后对意见进行讨论，得出结论。这种管理制度的好处在于，由全体员工说，谁有能力，谁做出的贡献大，用民主集中的方式完成。

民主集中制打破了传统企业任人唯亲的弊端，不再只是领导人说了算，公司的事情依据全体员工的共同决定和意见来决定。

《华为基本法》产生的有原因之一就是民主集中制。因而公司要避免对最高领导权威的迷信，反对独裁专制，最好方法就是成立一套完备的体系，这样才能"无为而治"。

随着海外业务的不断壮大发展，华为公司以相对积极的态度随时准备捕捉吸纳国际人才的机会。华为近年来国际市场发展迅速，不断加大对海外本地员工的聘用力度。

华为官方数据显示，华为海外本地员工的聘用平均每年增长15%以上，截至2008年底，华为近8万名员工中，海外员工已超过22000人，其中海外本地员工超过12500名，海外员工本地化率达到了57%。

"华为一直在定期审视业务环境及人力资源环境，制定和刷新人力规划目标与方案，细化人力资源获取策略与方案，以有效的资源投入和人力资本增值方式支撑业务目标的达成。"

华为在回复中说，结合公司全球业务布局、全球人才分布情况等因素，华为"欢迎能够帮助公司加快国际化进程的各领域人才加盟"。

这些领域包括：国际金融人才、熟悉全球法律运作的法律人才、具备国际知识产权运作经验的人才、具备领先通信技术领域经验的人才等。而对该些人才的选择，华为强调要"具备在跨国大型企业的工作经验，最好具有全球化工作经验"。

管理智慧

任正非曾说过，华为不是以学历、资历定待遇和报酬的，而是以能力和贡献来定待遇和报酬。而能力和贡献又是通过实践来检验的，华为希望每个人都要有实干精神。

7. 不断充电，跟上时代的步伐

冯小刚导演的电影《天下无贼》里面有两句经典台词：21世纪最缺的是什么？人才！这两句话在电影里面虽然是调侃，但在21世纪，人才日益受到重视是大势所趋，企业之间的竞争也越来越表现为企业间人才的竞争。

华为对人才的重视也是毋庸置疑的，华为每年从各大高校招聘优秀毕业生。如今在华为，80％以上的员工具有本科学历，硕士、博士所占的比例也是逐年增长。

华为在人才培养上花费巨大。这些都显示华为对人才的重视，但对人才的重视不等于对人才过分依赖。任正非认为，每个员工都是公司的一部分，都应该在自己的岗位上认真负责、脚踏实地，不能自视甚高，应该不断向周围的人学习。《华为员工手册》第三条规定员工要"顾全大局，善于合用"。为此，华为实行自由雇佣制度。

拥有好的人才不如建立良好的人才培养体系与管理体制，这样公司才能不会因某个人才的流失而导致整个系统瘫痪。

"低投入，高产出"是每个企业的梦想，但是在竞争日益激烈的现代化社会，这种梦想是越来越难以实现了。"高投入，高产出"依然是大多数企业的经营模式。

最典型的例子就是好莱坞的电影公司，动辄几亿美元投入的电影已经越来越多，如著名电影《埃及艳后》，当初的投入就有几亿美元，由于无法收回成本，投资商不得不宣布破产。

而 IBM 公司每年的投资大约为 10 亿美元，仅在俄罗斯的投资已经达到数百万美元。华为除了科研、客户服务等方面的投入之外，对人才的培养与管理方面的投入也是巨大的。

华为每年都要从高校招入一大批毕业生，仅 1997 年华为招入的应届毕业生就有 7 000 人。这些刚毕业的学生有潜力，但缺乏相应的经验，要达到华为的要求，需要一大笔培训开支，且华为员工受训的时间越来越长，也增加了资金的投入。

员工正式上岗后，华为则为员工提供具有竞争力的工资待遇。这样的高投入可能短期内无法产生效益，但从长远来看是值得的。

任正非认为：真正的专家是不能缺少一线经验的，我们最好的给养其实来源于我们的客户。专家要从一线中来，也要到一线中去，在与客户的碰撞和交融中检查和修正我们对待专业的标准，避免成为伪专家。

华为员工小李于 2000 年 9 月入职华为公司，被分配到无线技术支持部的第一线，从事 GMSC35 新产品的技术支持工作，从此，现场开局、现场割接支持、远程支持问题处理工作成了他生活的主旋律。

2001 年 7 月，实施中国移动 GSM 目标网全网升级项目，为了组织全网项目实施以及做好远程支持工作，小李一个月有近 20 天在公司加班过夜。

就这样，两年时间内，他现场支持了四十多个重大工程项目的割接，个人也得以快速成长，积累了扎实的专业知识和丰富经验。

2003 年，小李成为了无线产品二线技术支持工程师、国内 GSM NSS 产品责任人。2004 年 10 月，由于中国移动软交换长途汇接网公司特级重大项目的需要，小李被调入北京分部，作为移动软交换长途汇接网项目的技术总负责。小李从一名普通的一线技术员，成长为了华为的技术专家。

实践出真知，即使拥有深厚的理论功底，如果没有经过一线工作的锻炼，还是很难快速成长。

对于人才，任正非更看重的是专才，而不是通才。他认为，人的精力是有限的，很多科学家、文学家、艺术家都是在自己的领域里面不断追求才成功的，他们不是杂家，而是专家。因此他希望华为员工"干一行，专一行"，这样才能在自己的岗位上做出成绩。

有一次，任正非随便走到一个华为的实验室（是哪个实验室并不重要，他认为这是一种普遍的思维现象），问一个工作人员：老产品的不断优化和对新产品的开发，你更喜欢哪一种？

那个工作人员说，当然喜欢新东西越多越好，将来离开华为后，还好就业。任正非严肃地说："专家，专家，懂一点叫专家，懂得很多叫什么专家呢？为什么会出现专家的名词呢？就是因为人的生命有限，只可能懂得一点，就在这一点上，窄频带、高振幅，这就是研发体系。但是中试体系为什么叫宽频带、窄振幅？这是因为那些开发人员的年纪比你们大一点，经验积累多一点。"

任正非告诉那个员工，在华为公司工作，就相当于在给一条铁轨上的一段枕木钉道钉，如果到微软，普通员工连钉道钉的工作机会都没有。因为微软分工更细，还得做频带更窄、更细的工作。简直就是 0、1、0、1……的累加，这样虽然变得更无聊，但会更专业化。那个员工如果到微软更找不到多少新起点了。

联系创新和认识论来看，任正非认为要以有利于核心竞争力，包括个人成长的核心竞争力为基础。在他看来，在自己的领域里面做出成绩，就是提高了自己的核心竞争力。

随着市场经济的发展，分工越来越细，专业化要求越来越强，因此，21 世纪需要的是专才，而不是通才。从企业的角度看，只有每个员工都不断提高自己的核心竞争力，都成为专家，企业才有可能具备核心竞争力。

人才是企业的财富，技术是企业的财富，市场资源是企业的财富……而最大的财富是对人的能力的管理，这才是真正的财富。

随着新经济时代的来临，很多企业的人力资源经理在实践中都面临着同样的困惑：人力资源管理是以员工的能力为核心，还是像以前一样以职位为核心？

其实，二者同等重要，企业应结合实践，运用新的理念、思路、方法解决现实中的问题，建立一套"基于能力与职位的人力资源管理系统"。

华为董事长孙亚芳在 1997 年感慨道："在管理过程中，我们正逐步地抛弃单纯的感性管理，逐步地转入理性管理，在市场部将会涌现出一大批职业经理人。"

在对人的能力的管理方面，华为显然是逐渐由感性管理向理性管理过渡。华为逐渐建立了以能力定报酬和待遇，能力与职位挂钩的绩效考核制度。在任正非看来，人的能力也是一笔财富。

管理智慧

人的能力能够创造财富，而对人的能力的良好管理也是一笔财富。

8. 潜力重于学历和经验

华为在国内外市场上披荆斩棘、声名显赫的时候，对各种人才都产生了强烈的吸引力，成为华为的一员是众多高校毕业生梦寐以求的。华为则对各类人才敞开了大门。

这一年，华为开始大规模招兵买马。在北京召开大型招聘会，广募研发和营销人员。在成都、南京、深圳、合肥、厦门等多个城市进行专场招聘，共招 1000 多名人员，涵盖技术研发、技术营销、财务、国际业务律师、人力资源等数十个岗位。

2004 年 5 月 15 日，华为在东莞举办了一场现场招聘会。东莞也是珠三角重要的通信电子生产基地，诺基亚的手机生产基地就设在那里。

5 月 22 日，华为到惠州举办现场招聘会，一次开列了上千个空缺职位，其中大部分与手机设计、制造等专业有关。惠州也是珠三角重要的信息产业基地，这些人才大部分集中在 TCL。

此时，TCL 某研发项目正处于紧急关口，研发人员都在争分夺秒地赶工。TCL 移动公司突然组织惠州本部的主要技术、管理骨干及全体研发人员，前往距惠州大约 150 公里的南昆山旅游。TCL 这是在有意回避来势凶猛的华为。华为给当地众多潜在的求职者们一个强烈的信号：华为的大门随时向他们敞开。

在"人才战略"上，华为是决不含糊的。华为在众多国内企业还在思考是否给员工增加几十块钱工资而犹豫不决的时候，华为就以相当于普通企业数倍的高薪"囤积"了一大批重点院校的优秀毕业生。

任正非的概念是：什么都可以缺，人才不能缺；什么都可以少，人才不能少；什么都可以不争，人才不能不争。

任正非认为，华为公司最宝贵的财富是人才，其次是产品技术，再其次是客户资源。只要拥有一批不断进步成长的人才，华为一定能够做出任何一项技术，也一定能够攻下任何一个客户。

外界称华为的待遇很高，实际上，华为待遇标准仅是中国业界最佳的80%，华为最吸引人才的地方除了相对高薪外，重要的是良好的培训体系。

2000年后，华为每年在新员工培训上的支出就达数亿元。华为在深圳总部以及全国各地，甚至海外建立了众多员工培训基地，这种对员工培训特别重视的理念，吸引了包括众多外资企业员工在内的大量人才，这使那些仅仅为挣钱的人不愿到华为，而那些为了干一番事业的人则十分踊跃到华为。

华为有一个普遍培训原则是员工之间相互培训，已形成制度。华为还建立了思想导师的培养制度，中研部党支部设立以党员为主的思想导师制度、对新员工进行指导。

任正非要求，没有担任过思想导师的员工，不得提拔为行政干部，不能继续担负导师的，不能再晋升，要把培养接班人的好制度固化下来。

学校和企业是两个性质不同的机构，学习成绩、学历是学校评价学生的重要依据，但企业就不是如此了，华为是以员工的贡献进行评价的。对新员工进行培训，培训合格者才能上岗，否则只能继续培训或遭到淘汰。

有知识有学历并不等于已经具备了上岗的能力，只有通过培训，掌握了相应的技术工具、产品结构、行业标准，具备了华为的企业文化特质，符合了华为的要求，才能正式上岗。正式上岗后，员工的工资则是按照其对公司做出的贡献来确定的。

这时，华为不再考虑员工的学历、进公司前的学习成绩或经营业绩，只看他在华为能做出什么成绩。学历再高、知识再丰富，不能为华为做贡献，就不能得到相应的评价。如果一名员工满腹知识，长期学习，也善于学习，但就是不能做出相应的贡献，只能被华为辞退。

进入华为公司以后，学历、资历自动消失，一切根据实际能力、承担的责任来考核识别干部。华为是以贡献定报酬，凭责任定待遇。

华为内部实行淘汰制，员工年淘汰率在5%左右。正式上岗后的华为员工都必须面对淘汰机制，由于华为也在面临市场的淘汰，故华为要求员工也必须适应公司的淘汰体制。

任正非告诫华为新员工：不要希望速成，不要什么都想做，一定要踏踏实实、集中精力重点突破某些领域，成为某个领域的专家。

您什么都想会、什么都想做，就意味着什么都不精通，任何一件事对您都是做初工。努力钻进去，兴趣自然在。我们要造就一批业精于勤、行成于思、有真正动手能力、管理能力的干部。机遇偏多于踏踏实实的工作者。

华为公司员工是一个"开放系统"。善于吸取别人的经验，善于与人合作，借助别人提供的基础，进步才可能快。如果员工十分封闭、自私，怕自己的贡献得不到合理的报酬，害怕自己吃一点亏，奢望华为的考核十分精确，则需要较长时间才能适应华为的工作环境。

华为也是一所大学校，是一所改造、培养和造就人的真正意义上的大学校，只是培养目的、方式不同。

任正非指出：新员工必须在实践中才能发现自己的不足、才能进步。

实践是您水平提高的基础，它充分地检验了您的不足，只有暴露出来，您才会有进步。实践，再实践，唯有实践后善于用理论去归纳总结，才会有飞跃的提高。

有一句名言，没有记录的公司，迟早要垮掉的。多么尖锐的一句话。一个不善于总结的公司会有什么前途，个人不也是如此吗？

任正非不拘一格提拔人才。一个领导500多人的中央研究部主任，曾经是一位年龄只有25岁的华中理工大学毕业生。任正非说：年龄小，压不垮，有了毛病，找来提醒提醒就改了。

任正非知道，要真正培养一批人，需要数十年理论与基础的探索，除了长期培养大量优秀人才外，华为别无选择，他说：人力资本的增长要大于财务资本的增长。追求人才更甚于追求资本，有了人才就能创造价值，就能带动资本的迅速增长。

知识更新换代的频率不断加速，如果不及时补充新的知识，人力资本就会贬值，更谈不上人力资本的增值。

据美国国家研究委员会调查，半数劳工技能在3—5年内就会变得一无所用，而以前这段技能淘汰期是7—14年。特别在工程界，毕业10年后所学还能派上用场的不足1/4。

因此，学生在学校里注重的不是学习具体的知识，重要的是要学习如何"学习"。在走出校园之后，学习也变成随时随处的必要选择。很多美国人的生活经历就是进进出出校门几十年。

优胜劣汰的游戏规则永远有效。华为的首要责任是要活下去，而要想在竞争日趋激烈的IT业长盛不衰，"没有太懒的羊、太胖的羊的拖累是首要条件"。

《建立学习型组织》的作者明确提出，目前的经济特点是一种高科技的知识型的经济特点，如何依靠高科技的手段来实现企业利益最大化，作为一个企业，尤其是电信企业，就必须要建立一个学习型的组织，让每一个人都能在学习的环境中、学习的氛围中不断严格要求自己，提升自己，只有每个人都能成为一个学习型的工作者时，企业才会具备无比强大的竞争力。

《华为基本法》指出：我们强调人力资本不断增值的目标优先于财务资本增值的目标。人力资本的增值靠的不是炒作，而是靠有组织地学习。

任正非将持续的人力资源开发作为可持续成长的重要条件，永不停息地致力于将华为建设成为一个学习型组织。

任正非说：员工有不学习的权利，公司也有在选拔干部时不使用的权利。

招聘优秀人才的同时淘汰沉淀层，是华为人力资源的一贯政策。对于员工，不学习将得不到提拔机会；对于干部，无论职位多高、资历多深，都不能躺在功劳簿上睡大觉，不学习、不进步，就意味着下岗。

任正非告诉华为人，学习是随时随地的，永远没有晚之说。

管理智慧

华为公司最宝贵的财富是人才，其次是产品技术，再其次是客户资源。只要拥有一批不断进步成长的人才，华为一定能够做出任何一项技术，也一定能够攻下任何一个客户。

第四章

客户至上：华为的追求是实现客户的梦想

客户的利益所在，就是企业生存与发展的最根本的利益所在。以客户满意度作为衡量一切工作的准绳。客户是华为生存下来的理由。华为之魂是客户，而不是一两个高层领导，唯有围绕着客户转，建立正确的客户价值观，才能实现华为的流程化与制度化，最终实现华为的无为而治。关注客户需求，是华为服务的起点，满足客户需求，对华为来说，只有服务永远是第一位。

1. 服务客户是存在的唯一理由

管理与服务的进步远远比技术进步重要。没有管理，人才、技术和资金就不能形成合力；没有服务，管理就会失去方向。因此，打造以"客户需求"为导向的服务体系是企业不断发展壮大的根基，是企业逐步步入辉煌的根本动力！

关注客户需求，是华为服务的起点，满足客户需求，是华为服务的目标，除此之外，技术、品牌、市场份额、利润最大化，等等，对华为而言都不是根本目标。对华为来说，只有服务永远是第一位。

为客户服务是华为存在的唯一理由，已经成为华为最基本的价值观。华为人认为企业不能只为实现股东利益最大化，也不能以员工为中心，管理的任务是争得为客户服务的机会，因为客户是企业价值的源泉，没有了客户，企业就失去了立足之本。

对每一个华为员工来说，为客户服务是华为存在的唯一理由的理念，已深深扎根并体现于工作中。因此，任何时候，不管是提供网络设备给运营商，还是探索一项新的技术、开发一项新的产品，不管是与客户交流、沟通，还是优化内部工作流程，华为公司总是不断地回到最根本的问题：客户的需求是什么？

对客户需求的关注，使华为赢得了客户的信任和支持。以智能网为例，在推出初期，就得到了中国电信包括中国电信总公司及中国电信天津、山东等分公司和中国移动公司、中国联通公司的支持。

各运营商为华为产品提供了宝贵的网上试验机会，与华为一起为网络建设和业务运营提出了创造性的解决方案，使我国智能网业务在短时间内达到了世界先进水平。

高水平的服务能力是华为的竞争优势。在为联通客户提供增值的、量体裁衣的解决方案，增强客户竞争优势方面，华为始终做得踏踏实实。

以关口局为例，由于中国联通是当时国内唯一的综合电信运营商，其业务网络包括 GSM 移动网络、CDMA 移动网络、固定数据网络以及寻呼网络，对关口局建设提出了更多的功能需求。

为此，华为针对联通的实际需求，为联通公司量身定做了 iGATE 综合关口局解决方案。华为 iGATE 构建于华为成熟的 iNET 平台，同时具备 GSM、CDMA、固定数据网三种网络的关口局功能模块，充分适应联通网络的持续发展，而且大幅度降低关口局总体建设成本，并保护了客户已有投资。

到 2005 年，华为 iGATE 在 16 个省会城市获得应用，占据 GMSC 新增容量 80% 的市场份额。

华为独具优势的服务能力在联通综合智能网上也得到了充分体现。由于联通综合性的特征，智能网的优势难以得到充分发挥，华为为了发挥联通综合运营的优势，在准确理解客户的需求基础上，从 2001 年开始，与联通合作在内蒙古、海南、上海等地开通了统一账号业务和综合 VPN 业务等，树立了综合智能业务运营的成功典范。

这种始终为客户带来价值的服务作风和能力，得到了客户的理解、信任，目前，华为的五大产品领域：固网、光网络、移动通信、数据通信和业务与软件均在联通公司获得了广泛应用。

华为管理顾问黄卫伟教授指出，华为的核心竞争力就是争得比竞争对手更多地服务客户的能力。对客户的关注，使华为能够在业界建立差异化竞争优势。

在充分理解、掌握标准化的基础上，为客户提供有针对性、个性化的解决方案，更准确地满足了客户的需求。因此，将华为持续十多年的稳健发展，归功于其对客户需求的充分关注，一点都不过分。

客户购买产品，一般都很关注以下五个方面：产品质量高、可靠稳定；技术领先，满足需求；及时有效和高质量的售后服务；产品的可持续发展、技术的可持续发展和公司的可持续发展；产品功能强大，能满足需要且价格有竞争力。

华为紧紧围绕着客户关注的五个方面的内容，将这五条内容渗透到公司的各个方面。

第一，基于客户需求导向的组织建设。为使董事会及经营管理团队（EMT）能带领全公司实现"为客户提供服务"的目标，华为在经营管理团队专门设有战略与客户常务委员会，该委员会主要承担务虚工作，通过务虚拨正公司的工作方向。

董事会及管理团队在方向上达成共识，然后授权管理团队通过行政部门去决策。该委员会为 EMT 提供决策支撑，并帮助 EMT 确保客户需求驱动公司的整体战略及其实施。

第二，基于客户需求导向的产品投资决策和产品开发决策。华为的投资决策是建立在对客户多渠道收集的大量市场需求的去粗取精、去伪存真、由此及彼、由表及里的分析理解基础上的，并以此来确定是否投资及投资的节奏。已立项的产品在开发过程的各阶段，要基于客户需求来决定是否继续开发。

第三，在产品开发过程中构筑客户关注的质量、成本、可服务性、可用性及可制造性。华为在产品设计阶段，就充分考虑和体现了可安装、可保护、可制造的需求。

产品一旦推出市场，全流程各环节都做好了准备，摆脱了开发部门开发产品，销售部门销售产品，制造部门生产产品，服务部门安装和维护产品的割裂状况，同时也摆脱了产品推出来后，全流程各环节不知道或没有准备好的状况。

第四，基于客户需求导向的人力资源及干部管理。客户满意度是华为从总裁到各级干部的重要考核指标之一，华为的客户需求导向和为客户服务理念蕴含在干部、员工招聘、选拔、培训教育和考核评价之中，以强化对客户服务贡献的关注，固化干部、员工选拔培养的素质模型。

比如，华为给每一位刚进公司的员工培训时都要讲《谁杀死了合同》这个案例，他们认为所有的细节都有可能造成公司的崩溃。

第五，基于客户需求导向的、高绩效的、静水潜流的企业文化。华为文化承载了华为的核心价值观，使得华为的客户需求导向的战略能够层层分解并融入到所有员工的每项工作之中。不断强化"为客户服务是华为生存的唯一理由"，提升了员工的客户服务意识，并深入人心。

只有客户的成功才有华为的成功。回顾过去，正是由于华为始终坚持以客户为中心，理解和把握了全IP融合发展的趋势，才使华为成为融合时代客户的最佳选择，不断获得成长。

管理智慧

企业必须要时刻牢记：客户才是你的"衣食父母"，满足客户的需要是企业发展的重要前提。

2. 客户满意度是企业持续增长的基础

做企业，首先要做的就是要处理好顾客、员工之间的关系。不仅要将矛盾的对方关系转化为合作协调关系。使各种矛盾关系结成利益共同体，将矛盾转变成动力，而且还要对客户负责。客户的利益就是一个企业的利益，只有通过让客户的利益实现，才能实现企业的利益。

华为的企业文化是：以客户为中心，以奋斗者为本。只有帮助客户得到利益，华为才能在利益的链条上找到自己的位置；只有真正了解到客户的需求，了解客户的压力与挑战，并为其提供满意的服务，这样才能使客户与企业实现共同成长与合作的目标，才能使企业得到长久的发展。

任正非曾经在市场部年终大会上发表讲话说：二十年来，我们在研发、市场、服务、供应、财经管理、监控审计、员工的思想教育等方面都得到了较大的成功。

我们也已经在全球化竞争中奠定了基础，我们正在走向提高科学管理的能力，提高动作运行的效率，合理降低内部成本，适度改善报酬与考核机制，促进新生的优秀干部快速长成的道路上。

但是，以什么为我们的工作纲领，以什么为我们的战略调整的方向呢？我们在经历长期艰难曲折的历程中，悟出了华为的企业文化，这是我们一切工作的魂。我们要深刻地认识它、理解它。

企业应当坚持为客户做好服务，这也是一切工作的指导方针。通过二十多年的生存压力，华为在不知不觉间，建立了以客户为中心的价值观。

并不断应客户所需，开发出一系列产品，以满足客户需要。

华为企业业务发展得如此迅猛，很大程度上归功于华为以客户为中心的核心价值观和经营理念。华为一贯奉行"客户的成功才是华为的成功"，而由于企业业务收入的80%来自合作伙伴，服务渠道、提升渠道满意度尤为重要。

为此，华为定期通过雇佣第三方来进行渠道满意度调查。经过几年的发展，调查形式不断更新，面向的渠道范围不断扩大，由原来的只是总经销商扩大到一代、二代等更多渠道合作伙伴。

通过多维度深入的调查来了解华为在企业业务发展过程中出现的问题、合作伙伴和客户的心声，从而不断改进，推动业务健康发展。

渠道合作伙伴也会借此机会把自身关心的问题真实的反馈给华为。2011年渠道关心的问题是，华为是不是会在企业业务领域动真格，是不是真的在企业业务领域做战略投入，华为的渠道政策是不是有连续性。

调查结果表明，合作伙伴给予了华为企业业务更多的正向反馈，对华为在各个方向所取得的进步，给予了肯定，对华为员工的奋斗激情给予了赞扬，对未来的合作充满了信心。

神州数码是华为最早的合作伙伴之一，神州数码的华为企业业务几年来经历了高速成长，在此期间亲眼见证了华为企业业务以客户为中心、服务渠道的经营理念，也为华为快速响应的执行能力所折服。

神州数码曾经反馈过：华为的货物名称标签标准存在问题，会影响到货物的二次分发，从而影响到最终用户对货物的确认。收到意见后，华为迅速响应起来，本着"想客户所想，急客户所急，服务渠道"的宗旨，将这个问题作为年初的企业客户的TOP级问题。

就此供应领域联合企业BG、产品线专门成立项目组予以解决，迅速的给出了解决方案，使总代接到货物后便于二次分发，最终用户对机器配置也一目了然。

合作伙伴在惊讶于华为的高效快速的执行力的同时，也深深理解了华为企业业务为什么会在短短时间内突飞猛进：全面以客户为中心、为服务渠道，不仅仅是体现在产品功能等本身的属性，作为产品价值延伸的产品供应链等服务也体现了产品本身的竞争力。

华为深刻认识到，服务好渠道和用户就是核心竞争力。客户和渠道满意度高了，业务发展得能不好吗？

《华为基本法》规定："华为向客户提供产品的终生服务承诺。我们要建立完善的服务网络，向客户提供标准化和专业化的服务。我们要以服务来定队伍建设的宗旨，以客户满意度作为衡量一切工作的准绳。客户的利益所在，就是我们生存与发展的最根本的利益所在。"

华为不遗余力地保障产品的安全性，为客户、消费者提供安全的产品；始终坚持以客户需求为导向，努力实现产品质量好、服务好、运作成本低，并将产品和服务的可持续性整合到公司的日常工作中，致力于消费者权益保护，提升客户满意度。

华为在全球各大洲、各主要国家设立了地区部和代表处，积极主动参与建立和维持公司和客户间的互利合作关系，建立了多层面直接面向客户的组织与沟通渠道，积极倾听客户声音，了解客户需求，其中包括客户组织层面的战略峰会、用户服务大会、客户考察、服务热线、客户认证考察恳谈会、第三方满意度调查和例行日常沟通拜访等。

华为将客户满意理念和要求融入各主要业务流设计，确保客户反馈的各种声音都能找到合适的流程进行及时处理闭环，快速满足客户的需求。

同时，华为还非常重视维护客户的隐私权，至今为止，华为没有发生违反客户隐私权的案例，在产品安全方面没有发生重大的客户投诉，华为客户的满意度在持续提升，越来越多的客户对华为表示认可，并将华为视为其战略合作伙伴。

现如今，华为公司成立了北非、中东地区技术服务培训中心，并提供有力的技术支持，为埃及及周边国家培养了大量电信专业人才，并实现了为该地区客户长期服务的承诺。

现在遍布亚、非、欧、美等地区的华为的地区客户代表处，已经建立了较为完善的服务体系，为供应链条正常运转提供了保障。

客户是华为生存下来的理由。华为之魂是客户，而不是一两个高层领导，唯有围绕着客户转，建立正确的客户价值观，才能实现华为的流程化与制度化，最终实现华为的无为而治。

早在十年以前，华为就提出了"华为的追求是实现客户的梦想"的口号，并且华为人已把它当成共同的使命在一直努力着。

华为一直以做到以客户需求为导向，降低客户的 CAPEX 和 OPEX，保护客户的投资，提高客户的竞争力和盈利能力。正是由于华为的存在，才丰富了人们的沟通和生活。

至今，在全球有超过 175 亿的电话用户都采用了华为的设备，华为还形成了无线、业务软件、固定网络、传输、数据、终端等完善的产品及解决方案，为客户提供了端到端的解决方案及服务。目前，华为的在全球的合作伙伴有 700 多个，华为和客户将共同面对未来的需求和挑战。

管理智慧

为客户服务是华为存在的唯一理由：客户需求是华为发展的原动力。华为主张在员工，顾客与合作商之间形成利益共同体。努力探索按生产要素分配的内部动力机制。

3. 要减少短板就要认同售后服务体系

未来市场的竞争，将是顾客满意度的竞争，谁获得了顾客的青睐，谁就能够获得持久的市场份额，谁就能够立于市场的不败之地，这是放之四海而皆准的道理，而良好的售后服务，就是企业决战市场，决胜市场的尖兵和利器。

可以说，任何产品的销售都离不开售后服务，尤其是价格较贵的产品。虽然，售后服务看是麻烦并且不能立马创造效益，但他关系到客户的综合满意度以及品牌的名声。

所以无论我们是否乐意，也必须做好产品的售后工作。其实，做好产品的售后服务工作，不仅可以维护好品牌的信誉，也可以带来潜在的客户和拉动间接的销售。

售后服务是围绕着商品销售过程而开展的配套服务体系。做好售后服务工作，是商业企业销售服务工作的一个重要组成部分，也是整个商品交易过程的一个重要组成部分。

有远见的企业家和销售商，对于具有延续性销售作用的商品之售后服务，更是要加以重视。在当今日趋激烈的市场中，企业必须明确"销售就是服务"。

服务是以质为重，而不仅是以"量"取胜，这就要求企业在售后服务中必须做到规范化，同时这也是服务业发展的必然趋势！

所有的企业在发展过程中，都会存在短板问题，华为同样也存在这样的短板问题。而要想减少短板，就必须认同售后服务。而研发对于客户来说，同等级别的客户服务工程师可能要比研发人员处理能力还要强一些。

华为，不仅是现代版"农村包围城市"的战略成功者，也是工业企业售后服务战略转型的示范者。初始化、规范化、产品化是华为从"售后服务"转型到"服务营销"的三个发展阶段。

1998年，被华为定义为"华为服务年"，服务被提到了前所未有的高度，但这仅仅是华为服务品牌的初始化阶段；

2000年，华为在风中亮出自己的旗帜："服务的华为，增值的网络"。主要是在售后服务制度、售后服务流程上进行了一系列的梳理与规范，这标志着华为的售后服务体系，正式进入到规范化阶段；

2001年，华为提出了"你赢，我赢"的服务新思维，标志着与客户实现双赢、建立共同利益的服务链的战略思想已开始形成；

2003年，新的"三大转移"的服务战略（工程向合作方转移、维护向用户转移、用服中心向技术支援转移）在IBM咨询顾问的帮助下正式实施，标志着华为在售后服务体系的建设上迈上了一个新的台阶，进入了产品化的发展阶段。

在初始化阶段，服务是任务，被动地为已经售出产品提供最基本的维修等售后服务，所有服务行为划入到公司的成本中心。在规范化阶段，追求客户满意度进入到服务的主目标，激烈的竞争导致了服务的重要性日增，但服务还只是产品的附属品。

在服务产品化阶段，服务的中心变成了"追求客户忠诚度"，服务已经独立于产品，服务行为也就从成本中心迁移到利润中心。专业化、标准化、多元化，是服务产品化的三要素。服务不再是负担了，而是工业企业赚取利润的新通道。

售后服务，做到华为这个层次，就不单纯是保障产品使用、免除客户担忧了。同时使工业企业的品牌就有了真正的杠杆力。

任正非说：人才、资金、技术都不是华为生死攸关的问题，这些都是可以引进来的，而管理与服务是不可照搬引进的，只有依靠全体员工共同努力去确认先进的管理与服务理论，并与自身的实践紧密结合起来，以形成我们自己的有效的服务与管理体系，并畅行于全公司、全流程。

所以，他一直强调如果不给企业的售后服务体系以认同，就永远没有优秀的人愿意到售后服务体系去。而做企业，一旦企业的售后不是由优秀的人组成，就会提高组织的成本。

若是企业用户的产品出现问题之后，便需要飞过去进行维修机器，去一趟不好，必然需要再飞过去修，再飞过去还是修不好。

这样，就会将工资全部赞助给民航了。这时，如果能够一次修好，去一趟就修好了。甚至根本就不用过去，只用远程指导就能修好，这样就可以节省许多成本。

在产品同质化日益严重的今天，售后服务作为市场营销的一部分已经成为众厂家和商家争夺消费者心智的重要领地，良好的售后服务是下一次销售前最好的促销，是提升消费者满意度和忠诚度的主要方式，是树立企业口碑和传播企业形象的重要途径。

售后服务做的好，若能达到顾客提出的要求，顾客的满意度自然会不断提高；反之售后服务工作做的不好或者没有去做，顾客的满意度就会降低，甚至产生极端的不满意。

客观地讲，优质的售后服务是品牌服经济的产物，而各大品牌要想持续地占领市场，占领顾客的心，就必须采取更好的售后服务，只有把服务的水平提升上去，企业才能打动顾客心中那最柔弱的那一部分，才能让顾客感动，从而构建竞争壁垒，占领市场最大化的销售份额。

在市场激烈竞争的今天，随着消费者维权意识的提高和消费观念的变化，消费者在选购产品时，不仅注意到产品实体本身，在同类产品的质量和性能相似的情况下，更加重视产品的售后服务。

因此，企业在提供价廉物美的产品的同时，向消费者提供完善的售后服务，已成为现代企业市场竞争的新焦点。

希尔顿饭店是全球著名的跨国旅游集团，希尔顿本人也被誉为美国"旅馆大王"。有人询问希尔顿的经营诀窍，希尔顿的回答是："请你在离开我的希尔顿饭店时留下改进意见，当你再次光临我的饭店时就不再会有相同的意见——这就是我的经营诀窍。"

在德国大众汽车流传着这样一句话：对于一个家庭而言，第一辆车是销售员销售的，而第二、第三辆乃至更多的车都是服务人员销售的。服务的本质是销售。

在美国买新造的房子有一个选项：屋顶。美国的屋顶生产商都非常有技术含量：保修 15 年的屋顶一般到 16—17 年一定会坏（不会刚好 15 年坏，有一定滞后），逼使你更换，因为在一个成熟的市场，新生意的来源很大程度上来自更换。

有位朋友装的屋顶没到 15 年就坏了，时隔这么久，发票什么都没有了，于是便上屋顶看了打在上面的生产商 Logo，再找到生产商。

厂家给的解决方案很简单：很抱歉，我们说能用 15 年，但没有做到，给用户带来不少麻烦（屋里漏水决不是愉快的经历），现在我们给换一个新的有 15 年保修期的。这位"中彩"的客户等于花了一个屋顶的钱，因为这次遭遇得到了一个新的屋顶。

这件事要是就此结束那也没什么可多说的，只是有家愿意在满足客户方面多做一点的企业。不过这事并没有就此结束，厂家要找出这个屋顶用不了 15 年的原因，给用户一个以事实为依据的解释。在对换下的屋顶一番仔细检查后，终于有了答案：原来北方与南方的气候差别巨大，用在二地的屋顶是不同的。

由于厂家将报废时间卡得较紧，能保证在南方用 15 年的，在北方的冬雪夏日中就保证不了。而厂家发现这个用在北方房子上的屋顶居然是南方的批号。

这可是 15 年前一个重大疏忽！于是厂家进一步对这个社区的所有屋顶都做了复查，发现这里 15 年保修的屋顶批号都是南方的，也就是说：在同样气候条件下，这批屋顶都快要出问题了。厂家最后为这里的居民全部免费更换了新屋顶。

这是厂家一次明显的失误，不过应该说处理得非常漂亮。比较会算的朋友也许会说：屋顶是 15 年一次的非频繁消费，厂家这个处理虽然好，恐怕很难再在 15 年后赢得同一位客户了，这笔支出肯定收不回了，只是赢得了品牌声誉，却损失了一大笔利润。

其实不然：首先这群客户中绝大多数都会有搬迁，会有再买一次屋顶的机会；其次这群客户也有亲戚朋友，这就是口碑。我想他们下一次的选择或推荐多数会是这家屋顶生产商，难道不是吗？

现在，产品的售后服务逐渐成了每一个品牌不得不关注的热点，因为它直接关系到一个产品品牌形象的确立，关系到一个企业的生存与发展。

所以，在当今"顾客就是上帝"的时代里，任何行业、任何企业都有着售后服务体系。如果企业的售后体系做得不好，不仅会增加企业的成本支出，还会给企业带来负面影响。因此，企业若想做大、做强，首先就必须做好售后服务体系。

管理智慧

成熟企业的售后服务体系即使再难，也要做！因为缺少了售后服务你所销售的产品就不是一个完整的产品，一个不完整的产品在市场上是没有任何出路的。

4. 顾客需要什么华为就做什么

客户第一，以客户为中心，这是很多企业都非常清楚的道理，任正非也深谙此道，任正非也曾经向华为员工和客户讲过华为凭什么能够活下来，华为超越竞争对手的全部秘密就是三句话：以客户为中心，以奋斗者为本，长期坚持艰苦奋斗。

因为人类的需求是随生理和心理进步而进步的，人的生理和心理进步是缓慢的。因此过去一味像崇拜宗教一样崇拜技术，导致了很多公司全面破产。因此，企业要看清客户的需求，根据客户需求开发自己的产品。

IT 泡沫破灭的浪潮使世界损失了二十万亿美元的财富。从统计分析可以得出，几乎 100% 的公司并不是技术不先进而死掉的，而是技术先进到别人还没有对它完全认识与认可，以至没有人来买，产品卖不出去却消耗了大量的人力、物力、财力，从而丧失了竞争力。

许多领导世界潮流的技术，虽然是万米赛跑的领跑者，却不一定是赢家，反而为"清洗盐碱地"和推广新技术而付出大量的成本。但是，企业没有先进技术也是不行的。

华为的观点是，只有通过对客户需求进行分析，提出解决方案，以这些解决方案引导企业开发出低成本、高增值的产品。盲目地在技术上引导创新世界新潮流，也是要成为"先烈"的。为此，华为一再强调产品的发展路标是以客户需求为导向。

海尔是以"服务"著称的企业，"星级服务"是 21 世纪海尔战略的核心。1995 年，海尔推出新产品——洗涤、脱水、烘干三合一的全自动滚筒洗衣机。

产品刚一上市，张瑞敏就提出开展免费为用户上门安装、上门调试和现场咨询等服务。海尔人为这项服务起了一个十分响亮的名字——"海尔国际星级一条龙服务"。这种服务包括了售前服务、售中服务、售后服务三个环节。

1998 年，海尔空调实现了又一次飞跃，在全国首推"连锁星级服务"，在全国建立了 100 家专业服务中心、1000 多家星级服务站、300 多家特约安装单位，三级服务网络的建设，确保了海尔售出的空调 100% 受控。

海尔"星级服务"的目标就是：用户的要求有多少，海尔的服务内容就有多少；市场有多大，海尔的服务范围就有多大。

在《愚公移山》中，愚公整天挖山不止，还带着他的儿子、孙子不停地挖下去，终于感动了上帝，把挡在愚公家前的两座山搬走了。

在华为人心中，这个故事形象地描述了华为海外市场拓展的情形：是我们始终如一对待客户的虔诚和忘我精神，终于感动了"上帝"，感动了我们的客户。

进入海外市场后，华为的差异化优势主要是满足客户需求比较快，比如赢得服务泰国的 AIS 的机会是因为华为比竞争者项目实施周期快 3 倍。

在资金缺乏、竞争激烈的独联体市场，华为人忍辱负重、默默耕耘，从获得第一单 38 美元的合同起，集腋成裘，到 2005 年销售额达 6 亿美元，独联体终于成为公司重要的市场。

在要求严格的欧洲市场，经历三年的认证，华为人终于通过了 BT 的考试，成为 BT 重要合作伙伴。

为获得中东某电信运营商的认可，面对世界级电信设备商的竞争，华为人冒着室外 60 度的高温进行现场作业，长达数月，靠着全心全意为客户服务的诚意，经过 2 年多的坚持不懈，终于开通了全球第一个 3G 商用局。

现在基本上每家企业也都会把客户第一作为价值信条写进企业核心价值观，并且还会张贴在墙壁上面，但是真正能够做到这一点的企业凤毛麟角。

说到容易做到难，华为的客户来自全球各地，既有来自欧美发达国家，也有来自亚非拉等落后贫穷国家。在许多非洲国家，条件要比国内和欧美等国家差很多，被外派到非洲的员工不仅有感染疾病的风险，同时也会遭遇各种战乱和冲突。

面对陌生的环境和接连不断的战乱冲突，华为该选择退却还是和客户在一起，华为在利比亚的举动就是最有力的回答。

当2011年利比亚战事爆发的时候，许多欧美知名移动设备提供商纷纷在第一时间选择撤离，中国政府也安排专机接送在利比亚的华人华侨，面对这样严峻的人生考验，是选择回到祖国家人身边还是坚守在客户身边？

华为不少员工选择了坚守，因为华为员工知道这个时候网络和通信的安全与稳定对于客户是多么的重要，因为华为员工知道这个时候是客户最最需要他们的时候。

那么既然客户最需要他们，他们唯一能够做的就是留在客户身边，帮助客户确保网络和通信的安全与稳定。

当然华为员工也知道这样的选择会伴随着莫大的风险和牺牲，但是为了客户，为了网络的稳定，华为员工用他们的实际行动为我们诠释了什么是"以客户为中心"。

这番坚守也赢得了客户的信赖和赞誉，当利比亚战事结束之后，华为在利比亚获得了远远超越竞争对手的移动通信设备订单。

除了在非洲这些战乱频发的国家，在亚洲当2011年日本福岛爆发核危机之后，华为董事长孙亚芳带领华为日本团队不仅没有撤离，反而增派人手，沉着、冷静的参加了抢险，在一天内就协助软银、E – mobile 等客户，抢通了数百个基站。

在华为类似像利比亚和日本福岛的案例还有很多很多，也许这就是文化和信仰的力量。这就是华为需要的职业责任感。是客户最需要他们的时候，这个时候华为可能是全球唯一一家在危险中坚守的移动设备提供商。

良好服务的概念其实非常简单，就是在客户需要的时候，以客户能够承担的价格，及时地向客户提供他们真正想要的服务。

狼在捕猎的过程中，总是选择那些未成年的，或老弱的，或落了单的猎物。在追击过程中，狼超过了一头又一头站在旁边观望的或离他更近的羚羊，他没有改变方向追赶那些更近的猎物，而是一个劲的朝着那头未成年的羚羊疯狂追击。

最后，羚羊累了，狼也累了，在累与累的较量中，狼的前爪终于搭上了羚羊的屁股……

管理智慧

华为对客户的专注很像狼对猎物的执着，他们"咬定服务不放松"，全力专注于客户需求的做法，使华为渐渐地成为一家服务精神贯彻始终的企业。

5. 以宗教般的虔诚感动客户

《经济学人》称它是"欧美跨国公司的灾难"，《时代》杂志称它是"所有电信产业巨头最危险的竞争对手"，爱立信全球总裁卫翰思说："它是我们最尊敬的敌人。"思科执行长钱伯斯在回答华尔街日报提问的时候说："25 年前我就知道我们最强的对手一定来自中国。"这些话，都是形容一家神秘的中国企业华为的。人们为什么需要了解华为，以及华为的创办人任正非？因为任正非在短短二十多个年头里，创造了全球企业都未曾有的历史。

如果没有华为，西伯利亚的居民就收不到信号，非洲乞力马扎罗火山的登山客无法找人求救，就连你到巴黎、伦敦、悉尼等地，一下飞机接通的信号，背后都是华为的基站在提供服务。8000 米以上喜马拉雅山的珠峰，零下 40℃的北极、南极以及穷苦的非洲大地，都见得到华为的足迹。

鸿海集团总裁郭台铭被誉为台湾的成吉思汗，而在中国大陆，享有这样声誉，带着部队征服全世界的，非任正非莫属。

华为的成功，许多人归诸于中国政府的支持，实际上，最支持任正非的是 15 万华为员工。因为任正非用了中国企业中史无前例的奖酬分红制度，98.6% 的股票，都归员工所有，任正非本人所持有的股票只占了 1.4%，造就了华为式管理的向心力。

华为作为一家民营企业，《财富》世界五百强企业中唯一一家没上市的公司。根据《财富》的报告，它在 2013 的年营业收入将达到 349 亿美元，超过爱立信的 336 亿美元，成为全球通信产业龙头。

华为的营业收入，70%来自海外，比联想集团的42%还要高。《经济学人》指出，华为在150多个国家拥有五百多名客户，超过20亿人每天使用华为的设备通信，也就是说，全世界有三分之一的人口在使用华为的服务。即使4G技术领先的欧洲，华为也有过半的市占率。

它的技术研发能力，也超越一般人对中国企业的想象。华为拥有三万项专利技术，其中有四成是国际标准组织或欧美国家的专利。华为已是电信领域的知识产权龙头企业。

放眼世界五百强企业，九成的中国企业是靠原物料、中国内需市场等优势挤入排行，但华为，却是靠技术创新能力，以及海外市场经营绩效获得今天的地位。

当过去的通讯产业巨擘摩托罗拉、阿尔卡特朗讯、诺基亚西门子等都面临衰退危机时，它却在过去10年间年年成长。这背后，究竟藏什么秘密？

华为的企业文化中，第一条就是"以客户为中心"。华为做为一家百分之百的民营企业，26年来生存不是靠政府，不是靠银行，客户才是我们的衣食父母。

通讯产业会因为技术标准、频率波段不同，衍生出不同的产品，一个电信商可能会为了满足消费者，需要用到三种技术标准，采购三套不同的机台，其中安装与后续维修费用，甚至高过于单买机台本身。

以一个制造商的角度，当然希望客户买越多套产品，才能赚取越多服务费。这个算盘连小学生都会打，但华为走了一个逆向的路：我来帮客户省钱！为反过来站在电信商的角度思考，主动研发出把三套标准整合在一个机台的设备，帮客户省下了50%的成本。

"短期来看，我们是傻是亏，但长期就不见得。"邱恒说。客户省下的钱，可以用于其他投资，研发出更新的产品，从消费者端赚来更多的钱，再回头来跟你合作，双方一起成长。

"当他只能赚一块钱的时候，肯定无法分给你一块五，他若能赚五块钱，你才有机会分到两块甚至三块。"邱恒道出一个简单的商场互利逻辑。

许多技术创新更是从这个过程中而来。"华为是第一个把2G、3G、4G打通的人，靠一套设备就能提供多面相的服务。"郭平说。当客户提出问题或需求，华为的工程师会回过头去从基础科学中找寻解答，由此产生源源不绝的新产品与专利。

拼服务，"脑袋对着客户"明文严禁讨好上司，就连机场接机也不行。

邱恒说，一个领死薪水的员工，不可能主动去帮客户想出创新的解决方案。但华为的员工因为把自己当成老板，待得越久，领的股份与分红越多，所以大部分人不会为了追求一年两年的短期业绩目标而牺牲掉客户利益，而是会想尽办法服务好客户，让客户愿意长期与之合作，形成一种正向循环。把客户服务做到透，就是华为的胜出关键。

国际大厂比较容易耍大牌，不会愿意配合客户要求去量身订做产品，反正我给你什么就吃什么，美其名曰是教育市场，实际上是怕麻烦。

一般派四五个工程师到客户端驻点就算是大手笔，华为却可以一口气送上一组12人的团队，与客户一起讨论、研发出最适合的产品。若产品出问题，即使地点远在非洲乞力马扎罗火山，华为也是一通电话立刻派工程师到现场，与客户一起解决问题，不像其他企业为了节省成本，多半用远端视频遥控。

能做到这程度，固然归因于中国有全世界最便宜的优质人力，但能让这群高知识工作者甘心乐意的为公司、客户卖命，除了配股分红的激励机制外，也与华为强烈的企业文化有关。

"你们脑袋要对着客户，屁股要对着领导。"这是任正非反复不断对底下人说的话。他认为，大部分公司会腐败，就是因为员工把力气花在讨好主管，而非思考客户需求。

因此，他明文禁止上司接受下属招待，就连开车到机场接机都会被他痛骂一顿："客户才是你的衣食父母，你应该把时间力气放在客户身上！"

在华为总部，我们遇到的每一位员工，不论是任职超过 10 年的资深主管，或是刚加入不到 7 个月的菜鸟工程师，甚至只是负责接送的司机，都把"以客户为中心"挂在嘴边，像是已经植入了 DNA 中。

管理智慧

口号人人会喊，但华为是真的落实，他的文化是活的，不是死的，判断一家公司成功与否，要看它的潜规则与显规则是否一致，不能说一套做一套，华为不只一致，还相呼应，这是它最了不起的地方！

6. 服务能力和态度是赢得客户依赖的重要砝码

只有客户的成功才有华为的成功。回顾过去，正是由于华为始终坚持以客户为中心，理解和把握了全 IP 融合发展的趋势，才使华为成为融合时代客户的最佳选择，不断获得成长。

一个当时注册资金只有两万元的华为公司如今已经发展成为了服务全球 50 强电信运营商中的 45 家。然而，它的成功就是凭借打造完美的服务体系获取的。

华为始终围绕客户需求持续创新，建立了包括电信基础网络、业务与软件、专业服务、终端等在内的端到端优势，不断为客户创造新的价值。

在任正非的正确指导下，华为在电信基础网络领域，凭借在 GSM/3G/LTE、核心网、光传输、接入网和路由器领域的领先市场地位，帮助客户向全 IP 融合转型。

在业务与软件领域，为客户构建增加收入和提升效率的平台；华为把专业服务作为战略投资方向的之一，帮助客户构建竞争优势。

华为将会始终坚持以客户为中心的理念，当然，为了更好地服务客户，华为还将持续地进行内部管理和组织流程的变革。

帮助客户打造服务体系金字塔，是华为发展的首要内容。在 2009 年交付量相对较大的情况下，华为依然确保了对客户及时、准确和优质的交付，帮助客户按时将电信服务推向市场。

此外，自 2007 年开始的 IFS（集成财经服务）是继 IPD（集成产品开发）、ISC（集成供应链管理）之后又一个重要的管理变革项目，当前正在深化。

然而，此次深化将会有力地帮助华为提升内部的管理效率，继而支撑华为与客户在全球展开的业务合作。

与此同时，为了保证对客户需求的快速响应以及优质交付，华为还实施了组织结构及人力资源机制的变革，其目的是把过去的集权管理转为分权制衡管理，授予直接服务客户的组织和员工以更多决策权，使他们可以快速调用需要的资源。

另外，华为还专门建立了由客户经理、解决方案专家和交付专家组成的'铁三角'小组，旨在更深刻地更深刻地理解客户需求并提升客户信任，最终实现良好有效的交付以帮助客户实现商业成功。

管理与服务的进步远远比技术进步重要。没有管理，人才、技术和资金就不能形成合力；没有服务，管理就会失去方向。

因此，打造完美的服务体系是企业不断发展壮大的根基，是企业逐步步入辉煌的根本动力！

华为的市场口碑来自对客户需求的快速响应和定制能力。华为的服务能力和态度是赢得客户依赖的重要砝码。

在华为总裁任正非看来：在艰难的市场开拓中，正是因为华为人抓住每一次机会，以优质的服务和技术让客户信服。

在非洲战争和地震时其他西方公司的人员会撤离，华为人则必定坚守。在一些细节小事上，华为在公司里为阿拉伯客户特设祈祷室，和客户同时参展时会先去帮客户布展。

华为的项目经理会脱掉西装与当地工人一起搬机柜、爬铁架，华为人的这种精神使客户深深感受到，华为就是他们最值得信赖的合作伙伴，因此华为也顺理成章的赢得了更多商业机会。

华为人不断集中资源提升研发部门的快速反应能力，为客户提供持续优质的服务，并且可以在最短时间内响应客户的需求。

华为仅在欧洲就有 4 个研发中心、上千人的团队，其中 75% 为当地聘用，分布达 30 个国家。一旦客户有需求华为的员工就会及时赶到，哪怕那里不通公路。

华为在刚果（金）的客户改变工程计划，原来 30 天工期的核心网建设压缩为 4 天。当时，项目组所有成员吃住在工程现场，累了就在地上睡上个把小时又起来接着干，他们持续奋战三天四夜提前完成项目。

在南美，华为有一个基站建在热带雨林区的山顶，但是除了一条崎岖山路外就再也找不到其他可以运送设备的路，若是用直升飞机运送的费用大要花需要 8000 美金。

但是，华为员工将设备拆开，雇了 20 多个当地人找设备上山，后来只花费了 7000 多元人民币，就把基站建好。

"客户就是上帝"，企业要想赢得长远发展，就必须为客户提供好的服务，这样才能赢得客户。

任正非向来主张低调行事，华为在任正非的带领下，很多事情都"瞒"过了媒体和大众的眼睛，但华为依然是中国 IT 行业中最棒的电信设备商。

华为之前的狼性管理招来的是外界很多异样的眼光，但我行我素、安静应对外界的非议是任正非的个性，也是华为养成的一种文化。

任正非淡化个人英雄，注重团体的力量，但也绝不会让一个英雄受到一点委屈，每个对华为有贡献的人都会在这里得到应得的、比同行业更高的待遇。

1996 年，华为全年销售额为 26 亿元，已处于一个上升时期，因此，一些员工认为八年的艰苦奋战已经胜利。但是在一次工作汇报会议上，任正非指出华为的知识分子有闭门造车之嫌，他鼓励技术人员坚持工农兵相结合，坚持与生产实践相结合的路线。

他还当即表示，要送给主管生产计划和主管销售计划的管理人员每人一双新皮鞋，其含义是让他们以及公司所有的管理人员深入实际，到生产第一线进行仔细调查研究，务必落实各项工作。

"知识分子要与工农兵相结合"曾经是中国共产党从新中国成立初期到 20 世纪 70 年代末一直坚持的知识分子政策的重要组成部分，其目的是让中国知识分子虚心向人民群众学习，甘当一个小学生，而不是过一种远离实际、远离生活、远离人民的孤芳自赏的生活。

显然任正非相信这一政策对于杜绝华为研发人员闭门造车现象也是适用的。任正非说：群众路线、与工农兵相结合的道路，我们的革命前辈已经走了几十年，甚至还是穿着"小鞋"走过来的。

管理智慧

今天，我们千万不能忘记这条路线，我们工作在第一线的博士、硕士、工程师就是我们新时代的"工农"，我们要深入其中、身临其境、调查研究、发现问题、总结规律。

7. 客户是华为生存下来的理由

企业必须有足够的业绩作为支撑，才能实现其发展战略。然而，并非有业绩才能让企业长期发展下去，在有业绩的基础下，还必须将价值观放在首位。

业绩做得再好，如果没有良好的价值观，这样的企业也很难长久发展下去；而有着很好的价值观，但却没有良好的业绩，企业同样有着发展的机会。

可见，正确的价值观与良好的业绩对企业的发展都起着举足轻重的作用。华为公司一直将聚集客户关注的挑战与压力，提供有竞争力的通信解决方案与服务，持续为客户创造最大价值。

华为的企业文化承载着华为的核心价值观，使得华为的客户需求导向的战略能够层层分解，并融入到所有员工的每项工作之中。

另外，针对绩效考核，华为采取的是一个综合平衡记分卡的办法。他们所采用的这种综合平衡记分卡，就是华为整个战略实施的一种工具，它的核心思想就是通过财务、客户、内部经营过程以及学习与成长四个方面相互驱动的因果关系，以实现华为的共同战略目标。

而且，华为在对干部在关键事件过程中的行为进行评价，也有着一定的评定依据。对于中高层管理者年底目标完成率低于80%的，正职要降为副职或者予以免职；年度各级主管的PBC完成差的最后10%要降职或者调整。

而且还不能从本部门提拔副职为正职；业绩不好的团队在原则上，不能提拔干部；对于犯了重大过失的管理者，给予就地免职处分。

被处分的干部一年内之得再受提拔，更不能跨部门提拔；在关键事件过程中，评价不合格的干部也不能得到提拔。

华为的这一规定，将企业的价值观与业绩体现得淋漓尽致，也就是说，企业的价值观与业绩同样重要。因此，华为才会有着分明的制度，正是在这些制度的制约下，才使得华为不断朝着更高的方向发展。

华为公司从创业开始就始终坚持以市场的商业成功为导向，一切投资、一切管理的改进都紧紧围绕产品的市场商业成功，尤其摒弃的是脱离商业成功导向的、唯技术的创新。这种盲目自傲的创新，对于我们没有资金来源的公司来说，无异自杀。

当企业对产品负责也就是对客户负责，而对客户负责更是对自己负责。当然，唯有摒弃单方面的发展，全心全意对产品负责，才能赢得更多客户的关注和青睐，才能让企业更加顺利地发展。

刚开始创立的华为，由于缺乏经验华为曾一度单方面地追求企业的创新和研发，进而忽视了以客户为中心的主旨，导致在很短时间内便损失了六千万至一亿元。

为此，华为总裁任正非充分地认识到对产品负责，对客户负责的重要性。其实，从事新产品研发未必就是创新，从事老产品优化未必不能创新，关键在于一定要从对科研成果负责转变为对产品负责，要以全心全意对产品负责以实现全心全意为顾客服务的华为企业宗旨。

全心全意对产品负责，对客户负责是华为不断发展的动力和基础。任正非在对产品经理人培训的过程中谈到，他曾经到 IBM 等公司去考察，发现西方公司的产品经理也是深入到产品过程的每个环节中去，也是对产品负责的。

因此，他要求华为人必须对自己的产品负责。为了让员工更加深入到对产品的负责中，任正非还做了这样的比喻——产品就犹如你的儿子，你会不会只是关心你儿子的某一方面？你不会吧？

一个产品能生存下来，最重要的可能不是它的功能，而只是一个螺丝钉，一根线条，甚至一个电阻。因此，只要你对待产品也要像对待你的儿子一样，我想没有什么产品是做不好的。

企业只有做到摒弃单方面的创新和发展，摒弃单方面的追求，全心全意地投入到对产品的负责中，投入到对客户的服务中，才能在竞争激烈的竞争中脱颖而出，才能愈发地充满生机和活力，才能更加具有竞争力。

任正非强调：我们今年最重要的市场举措是建立地区客户经理部，要以改善客户关系为中心来建立，目前中国共有 334 个本地网，将来即使联通或是其他网络营销商估计也会按这种结构来布局，我们不分对象都提供优质服务。

所以，我认为我们地区客户经理部的建立是非常正确的，它会使我们的工作做的更加精细，因为各个层面客户满意度的提高是保证我们持续增长的基础。

《华为基本法》规定："华为向客户提供产品的终生服务承诺。我们要建立完善的服务网络，向客户提供标准化和专业化的服务。我们要以服务来定队伍建设的宗旨，以客户满意度作为衡量一切工作的准绳。客户的利益所在，就是我们生存与发展的最根本的利益所在。"

现如今，华为公司成立了北非、中东地区技术服务培训中心，并提供有力的技术支持，为埃及及周边国家培养了大量电信专业人才，并实现了为该地区客户长期服务的承诺。

现在遍布亚、非、欧、美等地区的华为的地区客户代表处，已经建立了较为完善的服务体系，为供应链条正常运转提供了保障。

客户是华为生存下来的理由。华为之魂是客户，而不是一两个高层领导，唯有围绕着客户转，建立正确的客户价值观，才能实现华为的流程化与制度化，最终实现华为的无为而治。

早在十年以前，华为就提出了"华为的追求是实现客户的梦想"的口号，并且华为人已把它当成共同的使命在一直努力着。

华为一直以做到以客户需求为导向，降低客户的 CAPEX 和 OPEX，保护客户的投资，提高客户的竞争力和盈利能力。

正是由于华为的存在，才丰富了人们的沟通和生活。至今，在全球有超过 175 亿的电话用户都采用了华为的设备，华为还形成了无线、业务软件、固定网络、传输、数据、终端等完善的产品及解决方案，为客户提供了端到端的解决方案及服务。

目前，华为的在全球的合作伙伴有 700 多个，华为和客户将共同面对未来的需求和挑战。

管理智慧

客户的价值观是通过统计、归纳、分析得出，并通过与客户交流之后而得出结果的，这始终都是企业需要努力的方向。当然，也唯有沿着这个方向走，才不至于在前行的过程中失去企业的存在之本——客户。

8. 以客户为中心，以奋斗者为本

客户需求是华为发展的原动力。华为主张在员工，顾客与合作商之间形成利益共同体。努力探索按生产要素分配的内部动力机制。

华为的企业文化是：以客户为中心，以奋斗者为本。只有帮助客户得到利益，华为才能在利益的链条上找到自己的位置；只有真正了解到客户的需求，了解客户的压力与挑战，并为其提供满意的服务，这样才能使客户与企业实现共同成长与合作的目标，才能使企业得到长久的发展。

任正非曾经在市场部年终大会上发表讲话说：二十年来，我们在研发、市场、服务、供应、财经管理、监控审计、员工的思想教育等方面都得到了较大的成功。

我们也已经在全球化竞争中奠定了基础，我们正在走向提高科学管理的能力，提高动作运行的效率，合理降低内部成本，适度改善报酬与考核机制，促进新生的优秀干部快速长成的道路上。

但是，以什么为我们的工作纲领，以什么为我们的战略调整的方向呢？我们在经历长期艰难曲折的历程中，悟出了华为的企业文化，这是我们一切工作的魂。我们要深刻地认识它、理解它。

任正非还说，企业应当坚持为客户做好服务，这也是一切工作的指导方针。通过二十多年的生存压力，华为在不知不觉间，建立了以客户为中心的价值观。并不断应客户所需，开发出一系列产品，以满足客户需要。

做企业，首先要做的就是要处理好顾客、员工之间的关系。不仅要将矛盾的对方关系转化为合作协调关系。使各种矛盾关系结成利益共同体，将矛盾转变成动力，而且还要对客户负责。客户的利益就是一个企业的利益，只有通过让客户的利益实现，才能实现企业的利益。

在华为总裁任正非看来：在艰难的市场开拓中，正是因为华为人抓住每一次机会，以优质的服务和技术让客户信服。在非洲战争和地震时其他西方公司的人员会撤离，华为人则必定坚守。

在一些细节小事上，华为在公司里为阿拉伯客户特设祈祷室，和客户同时参展时会先去帮客户布展，华为的项目经理会脱掉西装与当地工人一起搬机柜、爬铁架，华为人的这种精神使客户深深感受到华为就是他们最值得信赖的合作伙伴，因此华为也顺理成章的赢得了更多商业机会。

华为人不断集中资源提升研发部门的快速反应能力，为客户提供持续优质的服务，并且可以在最短时间内响应客户的需求。

华为仅在欧洲就有 4 个研发中心、上千人的团队，其中 75% 为当地聘用，分布达 30 个国家。一旦客户有需求华为的员工就会及时赶到，哪怕那里不通公路。

华为在刚果（金）的客户改变工程计划，原来 30 天工期的核心网建设压缩为 4 天。当时，项目组所有成员吃住在工程现场，累了就在地上睡上个把小时又起来接着干，他们持续奋战三天四夜提前完成项目。

在南美，华为有一个基站建在热带雨林区的山顶，但是除了一条崎岖山路外就再也找不到其他可以运送设备的路，若是用直升飞机运送的费用大要花需要 8000 美金。

但是，华为员工将设备拆开，雇了 20 多个当地人找设备上山，后来只花费了 7000 多元人民币，就把基站建好。

"客户就是上帝"，企业要想赢得长远发展，就必须为客户提供好的服务，这样才能赢得客户。

任正非向来主张低调行事，华为在任正非的带领下，很多事情都"瞒"过了媒体和大众的眼睛，但华为依然是中国 IT 行业中最棒的电信设备商。

华为之前的狼性管理招来的是外界很多异样的眼光，但我行我素、安静应对外界的非议是任正非的个性，也是华为养成的一种文化。

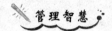

管理智慧

任正非淡化个人英雄，注重团体的力量，但也绝不会让一个英雄受到一点委屈，每个对华为有贡献的人都会在这里得到应得的、比同行业更高的待遇。

第五章

制度为纲：将管理永恒地贯彻下去

华为的管理进步，要在项目管理进步的基础上，建立起成熟的程序、庞大的优质管理队伍。华为要以战略预备队的方式，建立起项目管理的干部、专家资源池，要通过人员循环流动任职的方式，把先进的方法、高效的能力传递到代表处去，要善于发现金种子并让他们到各地去开花。这些变革都是各级组织发挥价值创造的机会，也是培养干部、识别干部的实践基地。

1. 以法治企，《华为基本法》的出台

在华为的"超常规"扩张过程中，任正非逐渐意识到企业规模的膨胀给企业的战略和战术带来了越来越重的压力。

冷静下来，对企业的宏观战略进行全盘的设计就显得尤为重要起来，《华为基本法》应运而生，如同狼舔舐着伤口，华为的自我恢复能力让世人惊叹。

从企业内部管理体制的发展历程来看，一般初创时的企业，其主要的管理控制权会掌握在企业的拥有者或关键技术的掌握者手里。

因此，企业的管理往往以"人治"为主，就是以少数领导者的意志为企业管理的主导意志的管理模式。而随着企业的不断发展和业务的不断成熟，领导者人为的意志已经不能有效地覆盖企业各个方面的管理。

在这种情况下，客观上需要企业根据自己的业务状况制订和执行科学的管理制度和业务流程，规范组织和人的行为，明确职责，有效监督，形成一个决策科学化、流程标准化、考核系统化的管理模式，即"法治"。

《华为基本法》是任正非实施"法治"的统帅纲领。《华为基本法》的作用是不可替代的，可以说它引领了华为十年的高速成长，保证了华为在战略上的专注与执着。

任正非后来总结，起草《华为基本法》的目的是："我们要逐步摆脱对技术的依赖，对人才的依赖，对资金的依赖，使企业从必然王国走向自由王国。"

1996 年拟定《华为基本法》的时候，恰好是华为从创业阶段向发展

阶段过渡的时候。企业创业时的思想是勇猛，但是发展阶段的思想则要稳重和持续。

《华为基本法》的出台，就是要为华为这个从成立到当时一直没有踩过"刹车"的企业增加稳重和明确未来的方向。

"华为的追求是在电子信息领域实现顾客的梦想，并依靠点点滴滴、锲而不舍地艰苦追求，使我们成为世界级领先企业。""为了使华为成为世界一流的设备供应商，我们将永不进入信息服务业。通过无依赖的市场压力传递，使内部机制永远处于激活状态。"

这两条写在《华为基本法》最前面的纲领，应该说更像是一套哲学理念，一种企业价值观。

《华为基本法》的制定过程也就是华为企业文化的落实过程。黄卫伟、彭剑锋、包政、吴春波、杨杜、孙健敏是华为基本法"起草小组六君子"，中国人民大学的教授杨杜认为，华为基本法的阶段性的意义很大，是"飞速成长的中国企业对自身的生存和发展的一次系统思考"。

华夏基石管理顾问公司董事长彭剑锋曾经这样总结，华为基本法最大的作用，就是将高层的思维真正转化为大家能够看得见、摸得着的东西，使彼此之间能够达成共识，这是一个权力智慧化的过程。

彭剑锋常说的"鸟"和"猪"的典故，就是源于《华为基本法》制定之初的调研。

他回忆说，1996年的华为，也出现了很多民营企业都遇到的难题，随着企业扩张，人员增多，企业高层和中层、基层的距离越来越远，员工天天在悟老板在想什么，觉得老板的话越来越难以听懂，觉得老板在说"鸟语"。

而老板看员工，心里想或者嘴上骂："笨得像头猪。"当时的华为，任正非就如同一只翱翔于高空的鸟，越飞越高，越高视野越开阔，对事物的观察越宏观，距离地面上的"猪"也越远。

由于双方语言不通，缺乏有效的沟通渠道，"鸟"发出的信息无法准确及时地传递到"猪"那里，同样，"猪"的想法也无法及时准确地为"鸟"所知晓。

这导致华为在高速成长过程中，老板与员工之间对企业未来、发展前途、价值观的理解出现了偏差，无法达成共识。于是，任正非想到了提炼和总结华为的成功规律并制定章法，让"鸟"和"猪"共同应用。

《华为基本法》是任正非开始追寻利用制度来建设一个"基业常青"企业，一个可以向"世界级"目标迈进的企业的起点。

队伍壮大了，总需要一面旗帜。至于是蓝旗、黄旗还是红旗，那就无所谓了。在华为，这面旗帜就是华为基本法。华为基本法就好像"最高指示"。

华为对基本法的制订是十分重视的，中国人民大学教授吴春波回忆说，华为基本法的起草者们在华为调研时，华为的高层每个月都会牺牲两个周末的上午休息时间来参与讨论，"有时候甚至停工停产，全公司员工开口讨论"。

杨杜也一再强调，不能静态地看待华为的"基本法"。把"基本法"理解成 103 个条文，就会错过它的精髓，"基本法"起草的借鉴意义大于最后形成的文本。

"基本法"初稿完成时，任正非就搞了一次"群众运动"，动员干部员工参与讨论，并明确提出新的意图，通过参与"基本法"讨论，培养一批干部。

1996 年 12 月 26 日，"基本法"第四讨论稿刊登在当日出版的第 45 期《华为人》报上，任正非要求所有职工带回去读给家人听，回到公司后提出意见和建议。

经过 1997 年一年的讨论、修改，"基本法"改到了第八稿。到最终定稿，前后共进行了 10 次删改，此时是 1998 年 3 月。从开始筹备到成稿，前后经历了 3 年时间。而这 3 年，经历了华为从 1995 年的 800 多人，到 1998 年近两万人的高速发展过程。

"《华为基本法》真正诞生的那一天，也许是它完成了历史使命之时，因为《华为基本法》已经融入了华为人的血脉。"这是任正非多次强调的一句话。

现在，《华为基本法》的很多假设条件已经发生了变化，《华为基本法》走到了嬗变和自我超越的发展阶段。

正如管理大师彼得·德鲁克曾经提到的：所有企业都有其对市场、顾客、竞争等的假设命题，那么在成功以后，组织的内外环境已经发生了变化，而组织如果不能够及时调整这些假设，就有可能陷入成功的陷阱。

管理智慧

对企业的宏观战略进行全盘的设计显得尤为重要，《华为基本法》的制定，如同狼舔舐着伤口，华为的自我恢复能力让世人惊叹。

2. 企业制度与文化是企业持续发展的动力源

华为在业界是以注重制度和文化而著称的。任正非在谈到制定这部《华为基本法》的缘由, 任正非说道: 制定一个好的规则比不断批评员工的行为更有效, 它能让大多数的员工努力地分担你的工作、压力和责任。

在华为的发展史上, 这部《基本法》具有非同一般的影响力。它是中国第一部总结企业战略、价值观和经营管理原则的"宪法", 是一家企业进行各项经营管理工作的纲领性文件, 也是制定各项具体管理制度的依据。因此, 该文本对于中国企业而言, 具有很重要的示范意义。

华为开始思考现代管理思想和制度化的问题是有一定原因的, 1994年、1995年, 华为自主研制的 CandC08 数字程控交换机在市场上打开销路后, 公司开始进入大规模的扩张时期。而这个时候, 华为原有的异常脆弱的管理体系已经不能支撑公司的发展。

归结起来, 主要有三个方面原因: 一是业绩评估矛盾。

1995年, 华为开始大量招聘员工, 公司规模不断膨胀。华为的员工从1992年的不足200人, 增加到七八百人。

尤其是华为大面积进入农村市场, 主要采取的是"人海战术", 导致销售人员急剧增加。随着华为网络的扩张, 营销网络与人员的管理变得日益复杂, 如何对销售人员的业绩进行有效的评价并及时激励, 成为当时华为亟待解决的问题。

纵观其他企业对销售人员的激励, 通常采取"提成"的奖励办法。而任正非认为, 对于销售人员来说, 销售提成只是一种"刺激"方式, 虽然能提高他们增加短期收益的积极性，却无助于他们和客户形成长期稳定的关系。

而普遍客户关系和长期客户关系，是华为的看家法宝。所以，任正非明确规定不给销售人员提成。

为了适应大发展的需要，1995 年，华为对工资分配机制进行重新设置，但是，很快难题就出来了：分配的依据是什么？依据能力、职位、绩效……什么提法都有，让改革小组无所适从。

还有一个让任正非很是头痛的问题：每到月底，他就会收到下属大量的条子，为自己部门的员工申请涨工资，理由是他们干得不错。

一开始任正非还能勉强应付，后来公司越来越大，条子也越来越多，根本批不过来，而且还浪费时间。

更何况，涨与不涨，涨多还是涨少，都没有一个既定的标准，所以，任正非意识到，华为已经到了需要一套标准化理论体系来进行规范化管理的时候了。

二是部门和岗位的职责与权限的不明晰。

在 1995 年，华为还遇到了很多新问题。在这一年年初，华为紧跟当时潮流，在全公司范围内大规模推行 ISO 9001 标准。但在重整后的业务流程体系中，各个部门和岗位的职责与权限如何定位成了一个大问题。

三是企业文化千人千面。

随着公司的发展，任正非逐渐发现一个问题，管理层和普通员工虽然一直把华为企业文化这个词挂在嘴边，但华为的企业文化到底是什么，谁也解释不清。

有人说是床垫文化，有人说是雷锋文化，还有人说是校园文化，但这些都不符合任正非对企业文化的观点。他认为华为应该拥有一个明确清晰的企业文化了。

在与人民大学的专家们反复交流之后，任正非决定委托他们为华为建立一套文化体系，并由此催生了《华为基本法》。任正非对专家们多次强调：

如何将我们 10 年宝贵而痛苦的积累与探索，在吸收业界最佳的思想与方法后，再提升一步，成为指导我们前进的理论，以避免陷入经验主义，这是我们制定公司基本法的基本立场。

基本法到底是什么样的？任正非心里也没底，但是他坚信一点：基本法不是一个简单的整理归纳，而是关于华为成功经验的系统思考和升华提炼，这需要具备一定深度的理论功底并广泛地参考借鉴业内一流企业的最佳实践经验。

任正非"无为而治"的观点就是在这个时候作为华为基本法的最关键目的被提了出来。

无为而治是我国传统文化的核心思想之一。"无为"并非什么都不做，而是要遵循大千世界的规律，尊重人的个性，有所为有所不为。

"无为"本是道家核心思想，但同样也是佛家与儒家思想的重要组成部分。佛家的"缘起性空"思想与"无为"是相通的，"空"与"无"具有相同的内涵；儒家倡导积极入世，提倡以德治天下，以德服人。

孔子认为古代圣王舜就是无为而治的典范："无为而治，其舜也欤。夫何为哉？恭己正南面而已矣。"以德行天下反映了儒家"无为而治"的思想。

任正非非常看重精神的作用，在华为公司各种资料的排列组合中，他尤为看重塑魂工程。《华为基本法》可以理解为他用以实现"无为而治"目的的一个重要工具。

华为这部总计六章、103 条的企业内部规章，是迄今为止中国现代企业中最完备、最规范的一部"企业基本法"。

其内容涵盖了企业发展战略、产品与技术政策、组织建立的原则、人力资源管理与开发，以及与之相适应的管理模式与管理制度，等等。

更难得的是，《华为基本法》蕴涵着很多在当时的中国企业界看来非常超前的眼光和智慧。比如，在讨论"价值的分配"时，任正非就非常希望能够从理论上对他独特的"全员持股"和"知识资本化"的做法加以明晰的论证。

1998 年 6 月，任正非给中国联通处级以上干部作了一次《华为基本法》解释的报告，其中有一段意味深长的话道出了他起草《华为基本法》的核心目的：

一个企业怎样才能长治久安，这是古往今来最大的一个问题。我们十分关心并研究这个问题，也就是推动华为前进的主要动力是什么，怎么使这些动力长期稳定运行，而又不断地自我优化。

这个一同努力的源是企业的核心价值观，这些核心价值观要为接班人所认同，同时接班人要有自我批判的能力……美国通用电气公司前 CEO 韦尔奇也认为：长寿的大公司一是靠企业文化的传递，二是靠接班人的培养。

从某种意义上讲，这部《华为基本法》就是任正非开始追寻利用制度建立起一个基业长青的企业，一个可以一直向其"世界级"目标迈进的企业的起点。

2000 年，华为公司就《华为人》报上的一篇短文《无为而治》，组织高级副总裁以上干部，举行以公司治理为题的作文考试。在考试前，任正非作了题为《一个职业管理者的责任和使命》的讲话，他在讲话中说道：

作为高层管理者，我们怎样治理这个公司，我认为这很重要。以前我也多次讲过，只是这篇文章（《无为而治》）给我们画龙点睛，更深刻地说明了这个问题。

我希望大家来写认识，也是对你们职业素养的一次考试，考不好怎么办呢？考不好你还可以学习，我们是托福式考试，以最好的一次为准。

学不好怎么办呢？学不好你还可以调整，你辞去高级职务往下走。因此要深刻理解公司制定三、四、五级干部任职资格标准的深远意义，我们坚持这个干部考核标准可能在相当长的时间内不会改变，每年大家都要提交述职报告，要填任职资格表格。

2月份我将主持把高级副总裁以上干部的组织评议做完，我认为要一次又一次刷新你们的思想，让你们理解公司对高级干部的要求。

当然，制度的建立并不是企业管理的终点，通过制度体系的建立而改变人，实现企业价值观念的"代代相传"才是最终的目标。

可以说，《华为基本法》反映了任正非的价值观，他希望这些价值观能够保障华为成为一家基业长青的世界级企业。

所以，任正非真实的意图在于，通过组织发动公司上下学习《华为基本法》，将《华为基本法》中的这些价值观灌输到新一代管理者头脑中，以确保即便管理层不断更替，华为的优秀"DNA"仍然能一代一代地传承下去。

✎ 管理智慧

　　企业要获得快速发展，拥有一位优秀的企业家是不可或缺的前提；但企业要想获得持续发展，仅仅依靠一位优秀企业家之力是远远不够的。它必须拥有整套的超越个人因素的企业制度与企业文化，这才是企业持续发展的动力源。

3. 用制度激活沉下去的员工

机构臃肿、人浮于事、效率低下等问题曾是众多国有企业和部分民营企业在改革前存在的一大问题，华为也一度面临这一问题。

1998 年，华为的员工人数经过 1997 年前后大规模的扩大后，已经突破了 8000 人，但华为海外市场上的业绩仍然没有太大的起色，这说明华为人均效益在下降。

企业在扩张的过程中，就会积累一些问题。企业时间久了，老员工收入不菲、地位稳固，就会渐渐沉沦下去，丧失活力。

为了激活沉下去的员工能够奋发向上，华为总裁任正非特制定了以下规定：公司凡是工龄超过 8 年的员工，务必在 2008 年元旦之前，主动办理辞职手续。

在达成自愿辞职的共识之后，然后再竞聘上岗，重新和公司签订 1—3 年的劳动合同。另外，工作岗位基本不变，薪资报酬稍有提高，并且还可以享受一到两个星期的假期。

任正非发动的这次人事大变动，在外界看来，主要是为了规避劳动法，逃避社会责任。不过，华为方面认为，这次事件是对人力资源管理所作的一些调整，该规定完全在法律允许的范围之内。

通过近十年的快速发展，华为员工人数迅猛增到 7 万余人。在华为必须要有打工意识，不能总谈感情，不能太把华为当家看。

然而，一个公司的员工如果工作的年限较长，往往就会极易丧失工作的激情而混日子，这对于企业保持激活状态非常不利。

所以，只有通过"辞职再竞岗"，来激活员工的血性，让公司重新获得新鲜的活力。

毋庸置疑，任正非制定的此项规定的确有打破长期存在的工号文化和解决企业竞争力问题的因素。

另外，在这次事件中，员工并未吃亏，20余万元的补偿让很多人拿得舒舒服服。当然，任正非的做法也主要是对员工和企业负责的一种表现，华为需要新陈代谢的更替。

员工是企业的核心灵魂，也是企业的首要财富。企业能否更好地发展，除了管理者的决策外，还要看企业员工是否具有向心力、凝聚力、创新力和对工作的热情度。

随着企业建立的越来越久，一些老员工则很容易陷入沉沦的状态，此时，激活沉下去的员工则对于企业保持激活状态的局面是非常重要的。

华为对老员工的资历并不是特别看重，但是对那些认真努力、恪守职责并不断改进的老员工，会适当地对他们进行培训，帮助他们对工作进行适应性调整，使他们在适合自己的岗位上发挥作用，并通过改进本职工作来提升自己的待遇。

一些具体的操作岗位，在经过一段时间的绩效改进后，发现其改进会越来越困难，如生产的一些流程、财务的账务体系等，华为也将会推行岗位职责工资制，定岗、定员、定待遇。

从员工的责任心、负责精神、服务意识中进行一定的晋升，以激发员工的工作积极性，提高其工作效率。

华为刚成立的时候只有十几个员工，发展到销售额达到89亿元，员工人数达8000人。在此期间，任正非一直在完善华为的各种管理制度，其中就包括绩效机制。

在参观访问了美国、日本和德国等国家的企业之后，任正非深深感到华为与世界先进的管理体系之间还存在很大的差距。

如在绩效管理时就只关注到了绩效结果，而没有关注绩效改进，这种情况在对新员工和老员工进行绩效评定时最为突出。

新员工由于来公司的时间短，任职能力叫弱，产出少，但进步却很大；而老员工本身任职能力强，产出多，但很可能相当长的时间里都没有进步。

针对这些情况，有些主管只比产出数量的多少，却没有考虑谁的进步大，不但影响新员工的积极性，对老员工也没有较好的督促，这对企业的发展是很不利的。

对此，华为采取了以下三种方式来改进绩效：首先，针对存在的问题，制定合理的绩效改进方案，并确保其能够有效的实施；其次，分析员工的绩效考核结果，找出员工绩效中存在的问题；其三，在下一个阶段的绩效辅导过程中，尽可能为员工的绩效改进提供知识、技能等方面的帮助，落实好已经制定的改进方案。

企业能长治久安的关键，就是要具备高能力、高效率的员工，这也是企业持续发展的保障。可以说，唯有每个员工在其各自的工作岗位上进行不断地批判与自我批判，才能一步步地自我净化，最终成为一个优秀人才。

管理智慧

企业管理不要只注重考核结果，更需注重改进的过程，以及改进过程中员工的进步和创新，进步和创新对于企业来说是尤为重要的，它是企业长久保持活力和生机的关键。

4. 危机意识是企业成长的动力

对于企业经营者来说，"危机"不是一种意外，而是一种必然，企业的成长正是在不断地战胜危机中实现的。

20世纪70年代，出现了石油危机，由此而引发了全球性的经济大萧条，日本的日立公司身陷其中。公司首次出现了严重亏损，困难重重。为了扭转这种颓势，日本日立公司作出了一项惊人的人事管理决策。

1974年下半年，全公司所属工厂三分之二的员工共67.5万名暂时离厂回家待命，公司发给每个员工原工资的97%—98%作为生活费。

这项决策对日本日立公司来说，是一项人事管理的权宜之计，它虽然节省不了什么经费开支，但它可以使员工产生一种危机感，产生一种忧患意识。

1975年1月，日本日立公司又将这项决策实施到4000多名管理干部头上，对他们实行了幅度更大的削减工资措施，从而使他们也产生了忧患意识。

同年4月，日立公司又将所录用的工人上班时间推迟了20天，促使新员工刚一进入公司便产生了忧患意识，产生一种危机感、紧迫感。这样做同时也让其他老员工加深了忧患意识。

日立公司采取了上述一系列管理措施之后，全公司包括新老员工都开始更加奋发地努力工作，都绞尽脑汁为公司的振兴出谋划策。

就这样，在忧患意识的诱发下，全体员工共同努力，公司取得了十分令人满意的业绩。1975年3月，日立公司的结算利润只有187亿日元，比

1974 年同期减少了三分之一。而实施忧患意识管理之后，仅仅过了半年，它的结算利润便翻了一番，达到了 300 多亿日元。

企业管理者在企业发展过程中，如果能从改变员工的惰性这个角度入手，适时地制造危机，利用危机去攻击它、刺激它、克服它、战胜它，对企业的发展来说，不失为一件好事。危机可虽然可怕，但却是让员工展现自我，挖掘员工潜能的最有效的武器。

任正非说：企业若是没有了危机意识，就会面临杀机。企业只有时刻保持危机意识，才能迎来生机。而衡量一个企业是否具有危机意识，关键要看它对环境变化的行动力，也就是维系着团队的成长与创新。

如果企业只是满足于过去的成就，就很难关注竞争环境的变化，就会因此而丧失危机意识。一旦缺乏这种意识，企业的变革意识就会变小，创新的动力也会变弱，如此一来，整个企业就会停滞不前。

从 1998 年起，华为便开始实行从"游击队"向"正规军"转变的管理变革。在这一次转变中，其中最核心的就是建立产品开发管理机制，即 IPD，集成产品开发；运营管理机制，即 ISC，集成供应链以及人力资源管理机制。

从华为对产品的研发过程中的认识与实践，可以清晰地看到任正非对企业发展规律理解在不断深化。

华为在创办之初，就是靠代理其他厂家的产品起家的，不过随着不断发展，他们开始进行自行开发具有企业特色的产品，这是大多数企业都很难做到的事情。

接下来，华为将交换机产品所得的利润全都投入到光网络产品与智能网产品。在得到收益之后，又将这些利润继续投入到无线通信产品中去。这种以一个产品的成功推动下一个产品的成功，这种接力思路是很容易做到的。

不过，华为所面临的最困难的却是掌握产品开发的规律，以具备持续

高效的研发能力。不仅如此，还必须建立一套先进的、规范的研发管理
体系。

只有通过这些机制来保障产品开发，才能不断取得成功。而华为投资
超过 10 亿元，耗时五年的 IPD，正是为实现这种高效的研发机制。

有危机感的员工都是进步的，他们想着不进步就要被别人超越。同
样，有危机感的团队是不会被超越的，有危机感的公司有积极创新，积极
开拓市场的力量。合理使用危机刺激，让危机刺激到每一个人。

人要有危机意识。随时意识到别人的压迫，环境的危机，才能让你不
断进取去适应更高要求。安逸是滋养堕落的温床，因此，作为一个领导
者，我们不能只报喜不报忧，要让每个员工都知道危机的存在，给员工一
个危机激励。

危机激励在员工内部之间就是和竞争一样的，让员工感觉到其他内部
人员会超越自己，那么自己就要想办法还击，超过对手。

而外部环境对企业的影响一般的说，员工是看不到的，外部环境变化
了，而内部却不怎么变化，于是作为一个出色的管理者就要及时的把外部
环境的不利因素导入到公司内部，使上上下下都同时产生危机感，从而都
加倍努力的去打败对手。

美国技术公司在打造、灌输危机意识方面可谓独树一帜。总裁威廉·
韦斯认为，如果一位企业管理者不能向他的员工们灌输危机意识，表明危
机确实存在，那么他很快就会失去信誉，因而就会失去效率和效益。

为让那些认为身居大公司可以高枕无忧的人紧张起来，他在公司上层
推行"末日管理"计划，启用了两名大胆推行改革的高级管理人员为副董
事长，免去了 4 名倾向于循序渐进、在其位不谋其政的高级管理者的
职务。

以此来警示高层人员：如果你在位置上感觉很舒服，很快就会有人要
觊觎你的位置，分享你的"午餐"了。对于一线员工，威廉·韦斯广泛宣

传"由于某些小单位忽视产品质量，导致失去用户的危机"。

并一再提示员工，如果不把产品质量、生产成本以及用户时刻放在突出位置，公司的末日就会来临。让他们知道企业是在激烈竞争中生存的，不进则退，退则一败涂地，从而使危机意识贯穿整个公司，推动公司发展。

事实一再证明，企业管理者如果能把"青蛙之死"引起的危机启示运用得恰到好处，就会在企业内部产生一种"健康的担心"和紧迫感，最大限度发挥"危机驱动"作用，产生巨大的动力，使企业成为那只警惕的青蛙，时刻警觉内外环境的变化，以便在危机到来之前，及时跳出。

每个企业在生存和发展的过程中，会遇到诸多因素影响乃至干扰企业的正常运营，这些因素共同构成了企业经营中的风险因素。

面对风险，有的企业遭到失败，但有的企业却把它转化为企业的发展动力，让它激励员工的士气，增强他们的义务感和责任感，调动每个员工的积极性，催其奋进，促其创新。

"天下虽安，忘战必危"。在市场中，许多企业虽有过辉煌的历史，但由于管理者忽视危机对员工的激励作用，没能让危机意识在企业内部长久存留，使企业最终如青蛙那样"死于安乐"。

电脑界的蓝色巨人 IBM 当年的"惨败"就是一个生动的实例。当大型电脑为 IBM 带来丰厚利润，使 IBM 品尝到辉煌的甜头后，整个 IBM 都沉浸在绝对安逸氛围里，危机感尽失。

在市场环境慢慢发生变化，更多的人们青睐于小型电脑时，IBM 却对市场出现的新情况不予理睬，麻木不仁，没有意识到市场危机的降临。

或者说，在企业不断成长的过程中，IBM 没有注意到企业危机管理的重要性，依然沉醉于大型主机电脑铸就的辉煌中，按部就班，继续加大大型主机电脑的市场比重，最终自己打倒了自己。

可见，危机感不但是医治人类惰性和盲目性的良药，也是促成变革的最大动力之一。富于前瞻性、挑战性和创造性的危机制造以及危机解决，可以有效引导员工，强化凝聚力，有效提高企业竞争力。

"人无远虑，必有近忧。"在这个竞争残酷的时代，一切都是瞬息万变的，任何企业都不能保证自己在任何时候都立于不败之地，居安思危、未雨绸缪才是高明之举。

当代管理革命已经公认，有效的组织现在已不强调"有反应能力"，而应强调"超前管理"。环境可增强组织的"抗逆"能力，这就要求主管在日常的员工管理中，注重培养员工的危机意识，发挥员工主动性、创造性。

如果企业满足眼前的一时辉煌，没有看到潜伏的危机，最后的结果只能是昙花一现，被市场所抛弃。

✎ 管理智慧 ·

危机感不但是医治人类惰性和盲目性的良药，也是促成变革的最大动力之一。富于前瞻性、挑战性和创造性的危机制造以及危机解决，可以有效引导员工，强化凝聚力，有效提高企业竞争力。

5. 企业家就是修好堤坝的人

我国著名企业家严介和对企业家进行了分级，即"一流的企业家只管人不管事，二流的企业家既管人又管事，三流的企业家多管事少管人"。

任正非又是如何给"企业家"下定义的呢？

管理就像长江一样，我们修好堤坝，让水在里面自由流，管它晚上流，白天流。晚上我睡觉了，但水还自动流。水流到海里面，蒸发成空气，雪落在喜马拉雅山，又化成水，流到长江，长江又流到海，海水又蒸发。

这样循环多了以后，它就忘了一个还在岸上喊逝者如斯夫的人，一个圣者。它忘了这个圣者，只管自己流。这个圣者是谁？就是企业家。

在推动企业向前发展的诸多要素里，企业家是其中一个非常关键的战略要素。因为他必须以自己的创新力、洞察力和统率力，发现和消除市场的不平衡性，创造交易机会和效用，给生产过程指出方向，使生产要素组织化。从而增加社会财富，推动企业生产发展，推动企业这部大机器运转。

企业发展是一个动态的过程，因此在不同的战略阶段要求企业家能根据实际情况做好引领工作。具体说来，一个企业要实现持续发展，必须拥有以下这三种类型的企业家：

第一种，企业经营者。当企业处于初创期时，它最需要一位能力超群的企业经营者，他必须要能承担起企业最主要、最基本的生产经营组织和管理工作。这类企业家具有敏锐的市场嗅觉和灵活的适应能力，善于捕捉商机，迅速出击，获得成功。

第二种，企业管理者。当企业已经发展成为中型或大型企业时，由于影响企业继续发展的因素主要来自于管理，因此企业家要转向管理型，此时他的职能主要是组织、控制各职能部门，而一般不直接组织经营活动。在这个阶段，企业家的个人魅力成为影响管理的成效及水平的关键点。

第三种，企业领导者。当企业进入了成熟期，面临更激烈的市场竞争及更复杂的管理需求时，企业家不仅是管理者，还必须是具有战略思想的领导者，他要懂得统筹学理论，能在变化的环境中看清前进方向中的机会和威胁，他要保持强烈的创新观念和激情，关注新事物，勇于冲破各种习惯，坚持不懈于更高的目标。

在华为发展之初，任正非是第一种企业家，军人出身的他拥有技术优势，能敏锐地察觉到市场可能出现的需求。

所以在他的带领下，华为从一个代理商向自主研发的技术型企业转型，虽然走过了一条曲折不平的道路，但是华为今天的成绩表明，任正非当时为企业选择的起点是正确的。

而随着华为一步一步地壮大成长，随着诸如郑宝用、李一男、孙亚芳等技术能手和管理能手的加盟，任正非已经不再直接参与经营活动，他的角色逐渐向企业管理者转型。

在这个时期，华为出台了《华为基本法》，确立了自己的核心价值观，并明确了华为要成为一家世界级企业的远大目标，任正非的个人威望也在这个时期达到了顶峰。

对于任正非来说，1998 年是他个人管理风格转型的一个重要分水岭。在这一年，受世人瞩目的《华为基本法》刚刚出台，但在任正非看来《华为基本法》是一次对华为过去成功经验的总结。

事实上，任正非这时已经瞄上了著名的国际商用机器公司（IBM）的流程化管理经验，多次出国访问也促使他关于"建立华为职业化管理体系"的想法逐渐成形。在自觉不自觉中，任正非将自己的角色从一个管理者向"领导者"过渡。

企业家在这个企业没有太大作用的时候，就是这个企业最有生命力的时候。所以当企业家还具有很高威望，大家都很崇敬他的时候，就是企业最没有希望、最危险的时候。

所以我们认为华为的宏观商业模式，就是产品发展的路标是客户需求，企业管理的目标是流程化组织建设。

2000年的任正非更多的是退居幕后，集中精力考虑华为的国际化进程。华为最终要成为一家什么样的企业，而最大的一个课题，则是如何让华为摆脱对人的依赖，最终实现依靠制度和体制完成良性的成长。

为了达到这个目的，任正非不允许出现个别人主宰华为的情况出现，从这一点上也可以解释为什么当年李一男与郑宝用纷争，任正非一直没有介入，或许那时他已经在苦苦思索。

如何找到一条两全其美的解决之道，既能挽留李一男这个天才，又能有利于推动华为职业化的发展。或者我们还可以做一个假设，如果当年李一男没有出走华为，今天的华为也许会走得更远，但是关于公司职业化、流程化的进程未必能取得今天的成就。

当然历史已然无法改变，任正非选择了壮士断腕的悲壮之举，成全了李一男，也找到了一条也许并不算捷径的转型之路，事实证明，华为是苦尽甘来。而为了这一天的早日到来，任正非也有意识地做了安排，淡化自己对公司的影响力。

今天，任正非仍然是华为的最高领导者，但是，更多的时候他是以一种精神的方式而存在，于是常常出现这样的情况：到华为拜访的人常常问接待的高层："任总在公司吗？"他们得到的回答往往是："任总不在，但公司一样运转得很好。"

管理智慧

规范化管理对企业是非常重要的，这也是企业走向成功的润滑剂，其目的在于快速地、有效地服务于企业前线的业务需要，从而提高企业的盈利，推动企业的发展。所以，想要有更好的、长远的发展，必须进行规范化的管理。

6. 贯彻末位淘汰的用人制度

什么是变革？变革就是对利益进行重新分配。利益分配不是一件小事，而是一件大事。要把这件大事做好，必须要有一个强有力的管理机构，这样才能进行利益的重新分配，改革也才能得以运行。

所以，一定要以正确的心态面对改革，它只是一个从利益分配的旧平衡逐渐走向新平衡的过程。而企业核心竞争力的提升与效益的增长都需要这种平衡的循环过程。

然而，利益的分配是永远不会平衡的。所以，对变革必须持有一个正确的心态，否则，改革就不会被他人所接受，也不会获得成功。

随着 IT 体系的逐步建成，之前的多层行政传递与管理的体系将更加扁平化。中间层的消失，会使得一大批干部成为富余，各大部门不要过度裁员，应该将富余的干部及时安排至新的工作岗位上去，及时疏导。

任正非在美国时，曾经和 IBM、Lucent 等几个大公司领导讨论"IT 是什么"这一问题。他们一致认为，IT 就是裁员、裁员、再裁员。以电子流来替代人工的操作，以降低运作成本，增加企业的竞争力。

末位淘汰制在企业界历来备受非议。但是在华为，它就是公司的自然淘汰制，是一项非常重要的用人制度。

任正非亦曾在一次内部讲话中强调，为了使员工们时刻处于竞争状态，华为"每年要保持5%的自然淘汰率"。

事实上，在华为的发展史上，大部分时间它都处于飞速膨胀发展时期，新员工人数一涨再涨，所以华为5%的自然淘汰率执行得并不彻底。到目前为止，在华为只有过两次比较剧烈的末位淘汰。

一次是在1999年，由于受中国移动从中国电信分拆的影响，华为丧失部分订单，当年的淘汰幅度在10%左右。

另一次是在2001—2003年的全球电信行业"冬天"期间，华为不得不减少招聘数量，并加大了末位淘汰制的执行力度，真正达到了3%—5%。这也是华为成立以来最严格的一次末位淘汰制，以至于外界误认为华为开始裁员了。

任正非这样解释华为2002年的末位淘汰，以回应外界人士的误解以及一部分内部员工的担忧。

事实上我们公司也存在泡沫化，如果当年我们不去跟随泡沫当时就会死掉，跟随了泡沫未来可能也会死掉。我们消灭泡沫化的措施是什么？就是提高人均效益。

队伍不能闲下来，一闲下来就会懈怠，就像不能打仗时才去建设队伍一样。不能因为现在合同少了，大家就坐在那里等合同，要用创造性的思维方式来加快发展。

军队的方式是一日生活制度、一日养成教育，就是要通过平时的训练养成打仗的时候服从命令的习惯和纪律。

如何在市场低潮期间培育出一支强劲的队伍来，这是市场系统一个很大的命题。要强化绩效考核管理，实行末位淘汰，裁掉后进员工，激活整个队伍。

我们贯彻末位淘汰制，只裁掉落后的人，裁掉那些不努力工作的员工或不胜任工作的员工。我们没有大的结构性裁员的计划，我们的财务状况也没到这一步。和竞争对手比起来，我们的现金流还是比较好的，可以支持我们在冬天的竞争。

实行末位淘汰走掉一些落后的员工也是有利于保护优秀的员工，我们要激活整个组织。大家都说美国的将军很年轻，其实了解了西点的军官培训体系和军衔的晋升制度就会知道，通往将军之路，就是艰难困苦之路，西点军校就是坚定不移地贯彻末位淘汰的制度。

有人问，末位淘汰制实行到什么时候为止？借用 GE 的一句话来说是，末位淘汰是永不停止的，只有淘汰不优秀的员工，才能把整个组织激活。

GE 活了 100 多年的长寿秘诀就是"活力曲线"，活力曲线其实就是一条强制淘汰曲线，用韦尔奇的话讲，活力曲线能够使一个大公司时刻保持着小公司的活力。

GE 活到今天得益于这个方法，我们公司在这个问题上也不是一个三五年的短期行为。但我们也不会急于草草率率对人评价不负责任，这个事要耐着性子做。

事实上，华为那些被淘汰下来的员工并不完全是被解雇，有一部分可以进入再培训，或选择"内部创业"。

《华为基本法》这样规定："利用内部劳动力市场的竞争与淘汰机制，建立例行的员工解聘和辞退程序。"

除此之外，《华为基本法》还规定："公司在经济不景气时期……启用自动降薪制度，避免过度裁员与人才流失，确保公司渡过难关。"

对于被排在末位的员工，对于不能吃苦受累的员工，任正非就只有一个态度：走人。

排在后面的还是要请他走的。在上海办事处时，上海的用户服务主任跟我说，他们的人多为独生子女，挺娇气的。

我说独生子女回去找你妈妈去，我们送你上火车，再给你买张火车票，回去找你妈去，我不是你爹也不是你妈。各位，只要你怕苦怕累，就会裁掉你，就会走人。

可以看出，华为虽然一直在执行末位淘汰，但其原则正如任正非所言，目的在于提高人均效益，打造一支善于冲锋陷阵、无往而不胜的"铁军"。

管理智慧

变革之于企业是非常重要的，如果企业成员无法以正确的心态去对待企业变革，就很有可能造成企业的变革失败，更甚者是更严重。所以，面对变革，企业人所需要的就是一颗再简单不过的平常心。

7. 激励机制推动核心竞争力

早在两年之前，也就是 1996 年，任正非就意识到实行任职资格评估的必要性。

1996 年，随着华为自主开发的 CandC08 交换机市场地位的提升，华为的年度销售额达到了 26 亿元。标志着华为结束了以代理销售为主要赢利模式的创业期，进入了高速发展阶段。

但随着生产规模和员工队伍的迅速膨胀，华为的管理层次不断增加。人数多了，工作效率却没有相应地提高，一个原因是一些工作如秘书岗位的工作多是重复性劳动，而华为即便是秘书都是高学历招进来的，时间长了，秘书们积极性下降了。

另一个原因，也是最关键的，就是当时华为还没有一个评价标准对员工们进行评估、判断，员工们不知道做到什么程度才是合格的，什么程度才是好的。

1996 年底，华为聘请了美国 HAY 咨询公司香港分公司任职资格评价体系进驻华为，作为华为建立任职资格评价体系的顾问。

在 HAY 的帮助下，华为建立了职位体系、薪酬体系、任职资格体系、绩效管理体系及员工素质模型等重要的人力资源管理制度。

1998 年，华为引进了久负盛名的英国 NVQ 企业行政管理资格认证，尝试先在秘书部门建立任职资格认证体系，建立文秘行为规范。

经过深入的学习，华为秘书人员逐步认识到：

一是工作效率的提高是建立在有序工作之上的，任职资格认证正是提供了建立工作秩序的帮助。二是要处理好例行公事之外的工作，需要有思路。资格认证正是提供一个思路、一个想法，帮助工作人员寻找处理问题的共性。三是要提高工作效率，必须建立一种逻辑思维上的顺序。而任职资格认证的思路就是建立一个文秘行为规范，以及达到这一规范的机制。

在学习的同时，华为人力资源部依照英国 NVQ 企业行政管理标准体系建设公司人事管理和人员培训的平台，确定了文秘工作规范化和职业化的目标，并根据公司自己的实际情况修订和细化了文秘资格标准，建立了一套符合华为实际的具有多个级别和任职资格的考评体系。

在任职资格认证体系的指导下，打字速度、会议通知、会议文具、会议过程管理、会议纪要方法、办公室信息管理，以及各个部门的流程连接等成为华为秘书的任职资格。

在考评中，秘书们可以对照文秘标准来检查自己的工作，以便及时改正，做到更好。而考评员与被考评者的关系是一种帮助与被帮助的关系，考评员主要是帮助秘书早日达标，从而使秘书们在考评过程中能够比较自如、正常地发挥自己的能力。

另外，华为还承诺考评合格的申请人可以获得由中英机构联合颁发的国际职业资格证书，该证书可以得到社会的认可，对员工来说，这也是对他们自身价值的认可。

为保证考评工作的质量，华为在试点工作中根据英国 NVQ 体系的要求实行了内外部督考的制度。通过督考工作，华为以推动员工达标为共同的目标，上下协调一致，促进了公司各管理层之间，以及上下级之间关系的改善。

这次任职资格尝试获得了巨大成功，不仅解决了秘书的职业发展通道问题，极大地促进了秘书们的积极性，华为秘书部门工作效率也得到了很大的提高，华为的一个秘书甚至相当于其他公司三个秘书的效率。

此后，人力资源部成立了两个任职资格研究小组，每组三人，开始制定其他工作岗位的任职资格体系。

为了让各部门的员工认真对待这一次的任职资格体系的建立与施行，同年，任正非在《不做昙花一现的英雄》里这样写道：

任职资格的推行不是机械唯物主义的、形而上学的推行，而是真正达到管理进步的真正意义上的推行。

我想，在推行任职资格的过程中肯定会遇到重重阻力，但这个体系是一定要坚持下去的。那种对人的评价靠感性的评一评、估一估的时代已不能再持续下去了。

对人的评价靠"蒙一蒙""估一估"，定位的准确性是不高的，这对我们今后的发展会造成更大阻力，这样会挫伤优秀员工的积极性，同时保护了一些落后员工。所以要坚决推行干部任职资格体系。

当然，外国的先进管理体系要结合华为公司的具体情况，不能教条主义。在一种制度向一种制度转换过程中，新鞋总是有些夹脚的，也可能挫伤一部分同志。

我们的方法是坚决推行已经策划好的任职资格管理，然后再个案处理个别受冤屈的同志，然后展开全面优化，使发达国家著名公司的先进管理办法，与我们的实践结合起来，形成制度。

在2000年撰写的《华为的冬天》中，任正非再次提到"任职资格"。足见他将这一制度看成是华为实施"小改进、大奖励"的一个具体内容，也是华为实现有序管理、无为而治的一个重要依据。他说道：

我们要坚定不移地继续推行任职资格管理制度。只有这样才能改变过去的评价状态，才会使有贡献、有责任心的人尽快成长起来。激励机制要有利于公司核心竞争力战略的全面展开，也要有利于近期核心竞争力的不断增长。

自从华为建立了任职资格体系，员工从某一级升到上一级，需要提高的能力一目了然，培训也很有针对性。任职资格标准牵引推动，培训体系支持配合，强调开发功能，真正解决员工职业发展问题。

华为每隔两年进行一次职位资格认证，公司根据认证结果，决定员工是继续留任、晋升，还是降级使用。

此外，任职资格管理正式推行后，华为所有管理人员都必须"持证上岗"，一般级别的管理人员要晋升到部门总监职位，必须达到4级管理者任职资格标准；而要担任公司副总裁以上职位，就必须达到5级管理者任职资格标准。

这就促使所有华为人员衡量自己的职业化能力与任职资格标准之间的差距，不断追求缩小差距。通过任职资格标准的牵引和培训学习的推动，华为得以将员工的职业化能力向着世界级企业所需要的高度推进。

管理智慧

激励机制要有利于公司核心竞争力战略的全面展开，也要有利于近期核心竞争力的不断增长。

8. 高效管理——全球化企业的必经之路

从 1998 年华为进入海外市场以来，在海外的销售额就一直呈现出几何倍数的增长趋势。1999 年，华为海外业务的收入占总营业额的量还不到 4%，但到了 2008 年，这个数字竟然已经超过了 75%。

截至 2008 年，在全球范围内，华为已经成立了 22 个地区总部，区域运作模式也已经基本成型。其实，这也是华为海外市场订单不断的主要原因。如果不是阿朗、诺西重组，华为早就已经进入全球电信设备市场的前三名了。

华为如此快速的增长都是建立在高效管理的基础之上的，这也是一家全球化企业的必经之路。自 2007 年以来，华为便聘用埃森哲启动了 CRM（客户管理关系），加强了从"机会到订单再到现金"的流程管理。

此外，早在 1998 年，华为就开始了与 IBM 的深度合作，完成了从产品到市场的流程管理，这也是华为从电信设备制造商向整体解决方案提供商和服务提供商进行转型的标志。

对每个企业而言，其发展机会都是均等的，唯有较强的竞争力才是企业的真本事、真功夫。面对市场激烈的竞争，唯有加强自身企业的高效管理，才能使企业发展地更快、更好。

任正非在大学里学自然科学的时候，利用课余时间阅读了大量关于哲学、逻辑学一类的书籍，不仅使自己掌握了西方的科技知识，也接受了西方的不变式还原法的思维。

任正非从重庆邮电大学肄业后便进入了军队，成了一名战士。因为他西学学习得很好，他在军队中搞的技术发明创造，曾两次填补了国家空白，是一个优秀的科技型人才。

在他领导的集体中，几乎每年都会涌现大批战士立集体二等功、三等功。这表明，任正非不仅仅是一个技术型人才，也是一个具备组织管理能力的管理型人才。

到目前为止，世界上最有效率的组织就是军队了，任正非就是在军队中学会了如何管理一个高效组织的。其实任正非带领着华为，就像是带领着一支军队。

任正非经历住了种种考验，在他创业之初就为华为定下了明确的目标：发展民族工业，立足于自己科研开发，紧跟世界先进技术，目标是占领中国市场，开拓海外市场，与国外同行抗争。

企业在研发过程中，高效与高质量一直都是一对解不开的矛盾。有人说，为了保证质量，就必须建立一套高质量的研发管理流程。

也有人认为研发项目本身就是一个长期见效的工程，如果对其加以限定，就一定会使这个原本就不快的过程更加缓慢。

现如今，市场的竞争如此激烈，如果不能够赶在竞争对手之前将新研发出的项目推广出来，不仅会使前期的投资血本无归，还有可能导致企业就此消失在市场之上。

2004 年 12 月 8 日对于华为是一个重要的日子，这一天，欧洲市场传来了一个消息：华为将为荷兰移动通信运营商 Telfort 建设第三代网络。

此次，是华为与欧洲合作的首份合同。在这一次交易是，华为成为全球规模的移动解决方案供应商，这也标志着华为向前迈出了一大步。

在经过大半年之久的厮杀中，华为分别击败了爱立信、诺基亚等几乎所有一流国际化的设备供应商。

其实最终使 Telfort 选择华为的重要原因就是华为的欧洲业务研发中心可以较快地响应 Telfort 业务定制的需求，从而能够对 Telfort 更好地实现灵活的差异化竞争提供一定的帮助。可以说，研发的快速反应能力已经成为华为海外市场的制胜法宝。

迈克尔·波特曾带给中国企业一句话："除了技术研发，中国别无选择。"其蕴含的道理极为深刻，华为的发展也很好地印证了这句话。当然，这也是中国企业所面临的难题，但也是不得不解决的难题。

高效研发的过程可以带来一定的收益，比如研发出更适合市场的产品，增强产品的市场渗透力，减少资源与人力的浪费等。总之，高效产品的研发过程成功化解了高效率、高质量这对看似而非的矛盾，并对企业带来了一定的优势。

企业想要快速地提高其响应能力，除了要做好研发管理之外，更重要的是高效产品的研发，这是企业实现快速响应市场所不可缺少的法宝。

管理智慧

所谓"高效"，就是要在不断发展的基础上做到省时间、节能量、低成本、高效率……要做到这些，企业就必须具有一个良好的领导人，以领导自己的团队在前行的道路上乘风破浪、披荆斩棘。

第六章

华为理念，唯有文化才会生生不息

对于任何企业来说，企业的资源都是会枯竭的，只有文化才是企业源源不断的动力。企业的企业文化，就是孕育企业核心竞争力的土壤，还是企业核心竞争力的外在表现。华为的企业家以其特有的远见卓识，自华为成立之日起就注意精心培育华为企业文化，并自觉地把这种独具特色的文化注入企业的经营管理活动之中，从而产生巨大的文化管理效能。

1. 艰苦奋斗是华为文化的魂

2006 年 5 月，年仅 25 岁的华为员工胡新宇患病毒性脑炎而死亡。胡新宇于 2005 年毕业于成都电子科技大学，硕士学历，2005 年硕士毕业后进入深圳华为公司从事研发工作。

在 2006 年 4 月底住进医院以前，他经常在公司加班加点，打地铺过夜。多天的抢救也没能挽回这位劳累过度的工程师年轻的生命。

在哀悼之余，任正非写下一篇题为《天道酬勤》的文章，阐述了"床垫文化"对公司成长的意义，强调要继续发扬艰苦奋斗的精神做强做大华为。

他一直反复强调：华为所处的行业方向选择太多而且还处在巨大变化之中，华为一直存在生存危机也一直生存在危机中。除了艰苦奋斗还是艰苦奋斗。

在华为早期，由于管理体系不完善，加上客户对产品的需求大，所以员工经常需要工作至深夜，累了就铺一张垫子休息，因此有"床垫文化"之说。

夜幕下华为的办公室经常是灯火辉煌，华为给外界"魔鬼"般的印象就是来自于华为研发人员的工作方式。

华为鼓励员工加班，为员工加班创造条件，在长期绩效考核中会以加班时间作为部门考核的指标。员工在公司加班到晚上八点半之后可以领到免费夜宵，加班到夜里十点半之后可以报销打车回家，任正非早年经常亲自与大师傅一起为加班员工送夜宵。

很多华为人在办公室里放有睡觉的床垫，被来此参观的外人当成华为人拼命加班工作的证据。其实床垫的确是早期加班的必备用品，新员工报到后首先要做的就是去公司的小卖部买张床垫，这一行为在华为十分盛行。

据说华为的研发人员接受了研发任务后，就会把自己封闭起来，吃住都在办公室里，需要讨论时，大家就聚在一起，讨论过后又回到各自的电脑前作功课，没有黑夜白天的概念。

来灵感了就爬起来坐到电脑前面，累了就躺到床垫上睡一会儿，饿了，公司食堂随时恭候。直到研发成功，课题组的人才会走出办公室。接下来就是下一个研发课题。

任正非在《华为的红旗到底能打多久》中说道：当我们走上这条路，没有退路可走时，我们付出了高昂的代价，我们的高层领导为此牺牲了健康。后来的人也仍不断在消磨自己的生命，目的是为了达到业界最佳。

沙特阿拉伯商务大臣来参观时，发现我们办公室柜子上都是床垫，然后把他的所有随员都带进去听我们解释这床垫是干什么用的，他认为一个国家要富裕起来就要有奋斗精神。奋斗需一代一代地坚持不懈。

艰苦奋斗是华为文化的魂，是华为文化的主旋律，我们任何时候都不能因为外界的误解或质疑动摇我们的奋斗文化，我们任何时候都不能因为华为的发展壮大而丢掉了我们的根本——艰苦奋斗。

在全球经济危机肆虐的 2008 年，华为逆势增长，国外销售收入增长 50%，并顺势进入欧美等发达市场。

这一年，华为也坐上中国电子信息百强企业之首的宝座。据发布的华为 2009 年年报显示，2009 年华为实现全球销售收入 1491 亿元，同比增长 19%，净利润为 183 亿元，增幅约为 135%。照此计算，华为已超越了诺基亚、西门子和阿尔卡特朗讯，成为全球仅次于爱立信的第二大通信设备制造商。

因为有一个华为公司，中国的通信设备成功地打破了国外巨头的垄断，打造出中国自主的通信设备产业，形成国际竞争力，不但牢牢占据国内市场，而且在国际市场攻城掠地，从新兴市场进入欧美等发达国家和地区。应该说，通信设备制造是这些年来中国最成功的一个产业。

20世纪80年代，全国上下，从农话到国家骨干电话网用的全是国外进口的设备，行业内流传着"七国八制"的说法，就是说，当时的中国通讯市场上总共有8种制式的机型。所有国内厂商一出生，就置身于"八国联军"的包围之中。

1987年，华为公司在深圳成立，主要经营小型程控交换机，火灾警报器、气浮仪开发生产及有关的工程承包咨询。开始的几年里，公司主要是代销香港生产的一种HAX交换机，从香港进口到内地，靠中间的价格差获利。

但是，交换机的高额利润很快吸引了更多企业介入，不到半年时间，深圳市就出现了大大小小上百家代理公司。但是，过多企业的加入使竞争日益激烈，导致整个行业走向没落。搞自主研发是"找死"，不搞则是等死。国外产品长期垄断中国通讯市场，价格居高不下。

从某种意义上说，国内通信比电脑市场要糟糕得多。特别是通信市场是电信部门的专业领域，更便于国际巨头一举攻陷，弱小的国内企业难有生存空间，民营企业就更是难上加难了。

中国市场需求巨大，现实的壁垒就是技术。一旦国内厂家实现技术进步，开发出产品，以低价进入市场，就会撕开电信市场的利润空间。

1993年，经历了无数次失败和损失了6000万元资金后，华为开发出2000门C&C08机，并在浙江义乌安装调试成功。

像华为这样的民营企业能拉到这么一个大单非常不易，条件是赊销，先安装机器，运行正常后才分批付款。

员工 4 个月与机器住在一起，经过多次调试，终于完成了第一个数字机试验局。此时华为已经倾其所有，如果不成功，华为就不会存在了。开发出万门交换机，才使华为走到了国内技术的最前沿。

开发是从 1992 年开始的，当时国内其他厂商认为 2000 门的够用了，就再没有向前迈进，而任正非却将其列进了计划，并组织了专门的开发班子。

1993 年 9 月份，华为终于推出了自主研发、拥有知识产权的万门交换机。1994 年夏天，全国的电信局长在上海开会，华为正好完成上海局的一个项目，就在 5 天的时间里将万门交换机运到上海，在会议现场搭台、安装、调试。

第一次向全国的电信局长们展示了国产的万门程控交换机。从专家到政府官员，全都被眼前的设备震惊了，他们不相信国内企业会开发出这么先进的设备，更不相信开发者是一家小小的民营企业。

1996 年，华为又推出了容量可达 10 万门的交换机，在技术上拉开了与竞争对手的距离。

任正非在《天道酬勤》中这样写道：世间管理比较复杂困难的是工业，而工业中最难管理的是电子工业。电子工业有别于传统产业的发展规律，它技术更替、产业变化迅速，同时，没有太多可以制约它的自然因素。

例如，汽车产业的发展，受钢铁、石油资源及道路建设的制约。而用于电子工业的生产原料是取之不尽的河沙、软件代码、数学逻辑。正是这一规律，使得信息产业的竞争要比传统产业更激烈，淘汰更无情，后退就意味着消亡。

要在这个产业中生存，只有不断创新和艰苦奋斗。而创新也需要奋斗，是思想上的艰苦奋斗。华为由于幼稚不幸地进入了信息产业，我们又不幸学习了电子工程，随着潮流的一次次更替，被逼上了不归路。

创业者和继承者都在销蚀着自己，为企业生存与发展顽强奋斗，丝毫不敢懈怠！一天不进步，就可能出局；三天不学习，就赶不上业界巨头，这是严酷的事实。

华为之所以能在2000—2003年的IT泡沫破灭的艰难时期活下来，是因为华为当时在技术和管理上太落后，而这种落后让公司没能力盲目地追赶技术驱动的潮流。

但是，如今西方公司已经调整过来，不再盲目地追求技术创新，而是转变为基于客户需求的创新，华为再落后就会死无葬身之地。

再者，信息产业正逐步转变为低毛利率、规模化的传统产业。2005年10月，爱立信收购马可尼；2006年3月，阿尔卡特与朗讯合并；2006年6月，诺基亚与西门子……这些兼并、整合为的就是应对这种挑战。

而华为相对还很弱小，要生存和发展就必然面临更艰难的困境，只能用在别人看来很"傻"的办法，就是艰苦奋斗。华为不战则亡，没有退路，只有奋斗才能改变自己的命运。

任正非指出，华为走到今天，在很多人眼里看来已经很了不起了，已经很成功了。有人认为创业时期形成的"床垫文化"、奋斗文化已经过时了，可以放松一些，可以按部就班，这是很危险的。

繁荣的背后，都充满危机，这个危机不是繁荣本身必然的特性，而是处在繁荣包围中的人的意识。艰苦奋斗必然带来繁荣，繁荣后不再艰苦奋斗，必然丢失繁荣。

历史是一面镜子，它给了人们多么深刻的启示。繁荣的背后还必须长期坚持艰苦奋斗，否则就会走向消亡。当然，奋斗更重要的是思想上的艰苦奋斗，时刻保持危机感，面对成绩保持清醒头脑，不骄不躁。

而这个繁荣，事实上也是华为人通过艰苦奋斗获得的。为了将这种繁荣维持下去，华为还将必须继续奋斗下去。

艰苦奋斗，永远是企业文化的内涵。特别是在 IT 行业，当时间与效率成为行业生存铁律，企业生死攸关之际，那些担负重大科研课题的研发人员就不得不要豁出命来拼死一搏。但是对一家企业而言，更重要的是它在文化上能否以勇气与智慧的统一来发动员工将艰苦奋斗进行到底。

管理智慧

摈弃杂念，执着本业，超越与国际巨头的巨大的技术差距，华为始终站在行业潮头，一洗中国企业普遍的短视与安居下游形象。每时每刻夜以继日地追赶奔跑，是华为成功的原因。

2. 企业要有强烈的国家责任意识

敬业是企业家精神的动力。马克斯·韦伯在《新教伦理与资本主义精神》中写道：这种需要人们不停地工作的事业，成为他们生活中不可或缺的组成部分。

事实上，这是唯一可能的动机。但与此同时，从个人幸福的观点来看，它表述了这类生活是如此不合理：在生活中，一个人为了他的事业才生存，而不是为了他的生存才经营事业。

任正非创办华为之初也许是为了个人生存，但是当他决定带领华为选择一条充满风险的、走技术自立、发展民族高新技术的实业之路时，则表现出了他强烈的爱国热情，而不仅仅是为了生存。

20世纪80年代，正值我国改革开放初期，为了加快经济建设，因限于国家财力不足，只好引入外资。于是全国上下，从农村到国家骨干电话网用的全是国外进口的设备。

当时占据中国市场的有日本的NEC和富士通、美国的朗讯、瑞典的爱立信、德国的西门子、比利时的BTMT公司和法国的阿尔卡特等。机型制式众多，既不利于通信制式的统一，又不能真正实现"以市场换技术"的目的。

因此，军人出身的任正非相信，中国如果没有自己的科技支撑体系，就无法实现工业独立；如果没有独立的民族工业，就无法真正实现民族的独立。

为了能团结广大员工一起奋斗，公司创业者和高层领导干部不断地主动稀释自己的股票，以激励更多的人才加入到这从来没有前人做过和我们的先辈从未经历过的艰难事业中来，我们一起追寻着先辈世代繁荣的梦想，背负着民族振兴的希望，一起艰苦跋涉。公司高层领导的这种奉献精神，正是用自己生命的微光，在茫茫黑暗中，带领并激励着大家艰难地前行，不论前进的道路上有多少困难和痛苦，有多少坎坷和艰辛。

华为开发国内市场已然充满了艰辛，可是在进行海外市场的开拓时，才发现那里的竞争更加激烈，生存更加艰难，如果没有艰苦奋斗的精神，华为的国际化步伐将是寸步难行。而华为如今获得的国际化成就正源自无数华为人舍身忘己的奉献精神。

中国是世界上最大的新兴市场，因此，世界巨头都云集中国，公司创立之初，就在自己家门口碰到了全球最激烈的竞争，华为不得不在市场的夹缝中求生存。

当华为走出国门拓展国际市场时，放眼一望，所能看得到的良田沃土，早已被西方公司抢占一空，只有在那些偏远、动乱、自然环境恶劣的地区，他们动作稍慢，投入稍小，才有华为的一线机会。

为了抓住这最后的机会，无数优秀华为儿女离别故土，远离亲情，奔赴海外，无论是在疾病肆虐的非洲，还是在硝烟未散的伊拉克，或者是海啸灾后的印尼，以及地震后的阿尔及利亚……到处都可以看到华为人奋斗的身影。

华为有的员工在高原缺氧地带开局，爬雪山，越丛林，徒步行走了8天，为服务客户无怨无悔；有员工在国外遭歹徒袭击头上缝了三十多针，康复后又投入工作；有员工在飞机失事中幸存，惊魂未定又救助他人，赢得当地政府和人民的尊敬；也有员工在恐怖爆炸中受伤，或几度患疟疾，康复后继续坚守岗位；甚至华为还有三名年轻的非洲籍优秀员工在出差途中飞机失事不幸罹难，永远地离开了……

几十年来，公司高层管理团队夜以继日地工作，有许多高级干部几乎没有什么节假日，24 小时不能关手机，随时随地都在处理随时发生的问题。

现在，更因为全球化后的时差问题，总是夜里开会。任正非说：我们没有国际大公司积累了几十年的市场地位、人脉和品牌，没有什么可以依赖，只有比别人更多一点奋斗，只有在别人喝咖啡和休闲的时间努力工作，只有更虔诚对待客户，否则我们怎么能拿到订单？

这种对实业之路的执著，最终成就了华为今天的霸主地位。华为不仅能成功地对抗国内市场上的外国竞争对手，而且还能走向海外，将一个来自中国的高科技品牌充满自豪地展现在各国竞争对手面前。

从这一点上来说，任正非将作为一个中国人的责任感和一个中国企业家的敬业精神实现了高度统一，做到了水乳交融。

华为于茫然中选择了通信领域，是不幸的，这种不幸在于，所有行业中，实业是最难做的，而所有实业中，电子信息产业是最艰险的。

这种不幸还在于，面对这样的挑战，华为既没有背景可以依靠，也不拥有任何资源，因此华为人尤其是其领导者将注定为此操劳终生，要比他人付出更多的汗水和泪水，经受更多的煎熬和折磨。

唯一幸运的是，华为遇上了改革开放的大潮，遇上了中华民族千载难逢的发展机遇。公司高层领导虽然都经历过公司最初的岁月，意志上受到一定的锻炼。

但都没有领导和管理大企业的经历，直至今天仍然是战战兢兢，诚惶诚恐的，因为十余年来他们每时每刻都切身感悟到做这样的大企业有多么难。

多年来，唯有以更多身心的付出，以勤补拙，牺牲与家人团聚、自己的休息和正常的生活，牺牲了平常人都拥有的很多的亲情和友情，销蚀了自己的健康。

经历了一次又一次失败的沮丧和受挫的痛苦，承受着常年身心的煎熬，以常人难以想象的艰苦卓绝的努力和毅力，才带领大家走到今天。

在《致新员工书》中，任正非这样告诫华为员工：

公司要求每一个员工，要热爱自己的祖国，热爱我们这个多灾多难、刚刚开始振兴的民族。只有背负着民族的希望，才可以进行艰苦的搏击，而无怨言。

我们总有一天，会在世界通信的舞台上，占据一席之地。任何时候、任何地点都不要做对不起祖国、对不起民族的事情。要严格遵守公司的各项制度与管理。

对不合理的制度，只有修改以后才可以不遵守。不贪污、不盗窃、不腐化。严于律己，宽以待人。坚持真理，善于利用批评和自我批评的方法，提高自己，帮助别人。

任正非不仅将这种对国家的忠诚和热爱内化为自己作为一个企业家的动力，同时他也将它灌输到所有华为人的头脑里，激励他们为一个更高的目标而努力，而奋斗，那就是为祖国争光。

为了这个目的，近二十年来，多少华为人付出了健康，乃至生命，并将他们的余晖照耀着后来者继续前进的步伐。这种对"国家利益至高无上"的追求出现在一个民营企业家身上，本身就充满了一股令人心灵激荡的力量，可以说，这也是任正非作为一个民营企业家的至高境界和高明之举。

管理智慧

　　一个企业创建企业文化首要的条件，就是看有没有一个有文化意识的企业家，如果没有这样的企业家，企业必然很难形成一个统一的文化规则。所以说企业家的精神境界决定了一个企业文化的品位和层次。

3. 英雄不是个人而是集体

"世界上一切资源都可能枯竭，只有一种资源可以生生不息，那就是文化。"这一直都是任正非所主张的。

早在 1997 年，华为修改内部员工的持股规定时，就主张要在顾客、员工与合作者之间，形成一个利益共同体，努力探索出一种按生产要素分配的内部动力机制。

任正非不要让员工作陪衬，它要让员工结成一个同甘共苦的集体，要给员工分权，要让员工成为企业的主人。也只有员工意识到了自己是主人的身份，才能团结起来，为了共同的利益而奋斗。

正是任正非的这种对财富的理性认识，才使得华为在困难面前，在危机之中，永远都有一个坚实的基础；正是他这种劳苦功高却不邀功、不为财的淡泊促使了华为的强大。

他给华为注入的这种文化将永远推动着华为前进、前进，强大、强大。与其他富豪相比，任正非的身份是无限的，他给中国企业带来的影响，他为中国带来的声誉，他的管理思想、经营理念，他为员工提供的机会、待遇……这些都是远非金钱所能衡量的。

华为刚发布的 2009 年年报显示，公司去年销售收入达 1491 亿元（约 218 亿美元），同比增长 19%；净利润为 183 亿元（约 27 亿美元），同比增长 29.9%。在全球通信设备行业不景气的情况下，华为 2009 年的年报可圈可点，无论是营收还是净利润，都赫然走在行业前列。

华为还在年报中首次披露了公司的股权状况，令人大为惊讶的是，与其他民企创始人动辄占股多达50%相比，截至去年底，任正非持股比例仅为区区1.42%。

2008年，华为员工持股人数为61457人，持股成员全部由公司员工构成，约占9.5万名员工总数的64.7%。年报公布后，有人给任正非算了一笔账，他的股权"权益"大约为6.15亿元，即使加上每年所得的股票分红，身家也不过7.5亿元左右。

作为一家非上市民营企业，员工持股比例如此之高，以及任正非持股比例如此之低，令人匪夷所思。

任正非1988年于深圳创办华为公司，凭借20多年的励精图治，华为已经成为全球领先的电信解决方案供应商，成了中国IT界的标杆企业。但与各类富豪榜中的中国企业家相比，任正非竟然远未触及富豪"门槛"。

《福布斯》2009年中国内地富豪榜显示，前40位富豪门槛为14.5亿美元。其中，拥有比亚迪27.83%股份的王传福，财富达58亿美元；希望集团的刘永行居次席，财富净值达55亿美元，排名第三的是娃哈哈集团的宗庆后，资产净值为48亿美元。按照任正非的上述身家才够1亿美元，不得不说是"名落孙山"。

如果说几年前有人怀疑华为，几年后的今天，那些怀疑者和喜欢挑刺的人，已经找不出任何理由。在LTE领域，它已经走在整个行业的前列，成为首家被电信运营商商用的电信设备商，中国在2G、3G通信技术领域完全落后于西方、受制于西方的局面，正在被一一打破。

任正非背后看不见的财富则是数之不尽的。继华为之后也有不少企业试图"走出去"，但真正能够赢得国际市场、具备国际性实力的则少之又少。

华为在 LTE 领域已经走在了整个行业的前列，成为了首家被电信运营商商用的电信设备商，并与全球 50 强电信运营商中的 45 家成为了合作伙伴。从 2008 年来看，华为国际市场的营收占总营收的比重达到了 75%，开创了国内超大型企业外销占比的最高纪录。

在华为 1997 年修改的员工持股规定中，华为主张在顾客、员工与合作者之间，结成利益共同体，努力探索按生产要素分配的内部动力机制。

"我们决不让雷锋吃亏，奉献者应当得到合理的回报。"任正非对财富的理性认识，正是华为今天能做大做强的原因所在，劳苦功高而不邀功，财源滚滚而不恋财。

正如他所说："世界上一切资源都可能枯竭，只有一种资源可以生生不息，那就是文化。"

很多民营企业的财富多为创始人个人所有或者是少数几个人所有，大部分员工仅是陪衬而已。而华为却不是这样，它是 9 万多名华为人共同所有，它是一个共苦同甘的团队。

在任正非看来，只有员工真正认为自己是企业的主人，分权才有基础。没有这样的基础，权力分下去就会乱。

他认为，企业管理层要淡化英雄色彩，实现职业化的流程管理，即使需要一个人去接受鲜花，这个人也仅仅是代表，而不是个人英雄。

任正非推崇"君子取之以道，小人趋之以利"。他在一篇内部文章中说：我们今天是利益共同体，明天是命运共同体。当我们建成内耗小、活力大的群体时，抗御风雨的能力就增强了，才可以在国际市场的大风暴中去搏击。

"大音希声，大象无形。"任正非给中国企业带来的，远非公司上千亿元的营收所能衡量，其管理思想和理念对业界的影响，是看不见的巨大财富。而他将公司创造的财富惠及所有员工，在物欲横流的今天，这种财富观殊为难得。

管理智慧

企业管理者与员工今天是利益的共同体，明天就是命运的共同体。只有让员工团结起来、活跃起来、承担起自己应负的责任，让企业构建成一个内耗小、活力大的集体，才能增强企业抵抗风雨的能力，才能在国际市场的大风暴的搏击中获胜！

4. 对知识的尊重和回报

"知本意识"被作为当代企业必备的十大意识之一，这是因为在 21 世纪，人类从"资本主导"进入"知本主导"的全新的经济时代。

企业要在这样一个高速发展与瞬息万变的时代获得发展，必须仰仗和发挥人力资源与知识资本优势，使之成为企业重要的核心技能。

与此同时，经济的一体化，迫使企业必须面对来自全球的诸如信息网络化的力量、知识创新的力量、顾客的力量、投资者的力量、组织的速度与变革的力量等各种因素的挑战和冲击。

因而人力资源管理既有工业文明时代的深刻烙印，又反映着新经济时代游戏规则的基本要求，从而呈现出种种新的特点。正因如此，企业家在资本运作过程中，一刻也不能忘却"以知为本"这一本质的特征。否则，必将使企业陷入困境。

任正非的知本意识要超前于国内大多数企业家。这也与他的身世有很大的关系。1944 年出生的任正非有一个充满饥饿的童年，而他的青年时代恰逢充满动荡的"文革"。

幸运的是他有着"崇尚知识就是力量"的双亲，在那样混乱不堪的环境中，父亲仍然鼓励他："记住，知识就是力量。别人不学你要学，不要随大流。"就是这一句话，让任正非静下心来将樊映川的《高等数学习题集》从头到尾做了两遍，还自学了逻辑、哲学和三门外语。

而任正非对于那些改变了人类命运的科学家的崇拜和敬仰，也是在那个时候形成的。这种崇敬和对知识的追寻也最终改变了他的命运。

由于没有荒废时光，在"文革"的动荡中仍然坚持刻苦学习，所以任正非毕业参军之后在部队中表现出了良好的科技素养。

1978 年 3 月，任正非以军队科技代表的身份出席了全国科学大会。那时候的他只有 34 岁，而在 6000 多人的代表当中，35 岁以下的仅有 150 人。

1978 年，任正非从部队转业，由于对技术有一定的基础，几经辗转，他最终选择了通信设备制造行业，算是有因有果。

后来，任正非的这种对知识的崇敬充分体现到了华为的经营和管理活动中。例如，华为在深圳龙岗区的华为坂田基地所有道路都是以中外著名科学家的名字命名的。像贝尔路、冲之路、居里夫人路、稼先路、张衡路，等等。这些路名都是由任正非本人亲自命名的，而这种独特的命名方式使得原来如农村一般的坂田镇显得十分的与众不同。

任正非坚信知识就是力量，而对于掌握知识的人，他从来都不吝于给以丰厚的回报。在业界，一个尽人皆知的事实是华为员工的薪酬远远高于业界平均水平。

任正非要求每一个华为人都要艰苦奋斗，为了华为的生存和发展发挥出自己最大的潜力，同时公司也为员工提供丰厚的回报。

据说一个辞职的华为员工在办好一切辞职手续后，意外地发现自己还拿到了一大笔年终分红，吃惊与意外之余说："我几乎都有点后悔离开华为了。"

当然最有说服力的证据是华为是一个员工持股的企业，干得好的员工年终奖励都会转化成为他们的股份，而任正非本人的持股也只不过 1.4%，整个管理团队持股不到 3%。

从这点上来说，任正非乐于与大家分享华为的成功，而从另一个侧面也体现了他对知识的尊重。

基于对知识的尊重，个人生活一向节俭的任正非对于有助于促进公司管理进步的变革从来都不吝于投入重金。

从 1997 年开始，华为引进 IBM 的流程化管理方法，而为了请到这样一位世界级的老师，华为也付出了世界级的学费做代价。大约 50 位 IBM 顾问在华为进驻了 5 年，按照每年人均顾问费用 20 万美元计算，仅顾问费用一项，华为就投入了不下 5000 万美元。

此外，华为还为此专门调整组建了管理工程部，人数也在 300 人左右。据华为财务部的一位主管统计，华为 5 年业务流程变革所付出的代价不低于 10 亿元。

为什么要花这么大代价聘请 IBM 呢？任正非这样解释：

沃尔玛的老板就是在买东西时给人付更多的钱，因为他同时向别人学习管理，所以沃尔玛现在发展成为世界上第二强企业。我们也是在向 IBM 买管理，买经验。

而任正非对于 IBM 这位老师的信任和认同感也几乎是无以复加的。他甚至对员工说：IBM 专家都很敬业、很积极，他们对我们提供了巨大的帮助，我们是应该感谢的。华为公司如果以后站起来，更不要忘了这一段历史。

管理智慧

企业要在这样一个高速发展与瞬息万变的时代获得发展，必须仰仗和发挥人力资源与知识资本优势，使之成为企业重要的核心技能。

5. 唯有文化才会生生不息

美国著名管理专家托马斯·彼得斯和小罗伯特·沃特曼研究美国 43 家优秀公司的成功因素，发现成功的背后总有各自的管理风格，而决定这些管理风格的恰恰是各自的企业文化。

任正非在《致新员工书》中写道：华为的企业文化是建立在国家优良传统文化基础上的企业文化，这个企业文化黏合全体员工团结合作，走群体奋斗的道路。

有了这个平台，你的聪明才智方能很好地发挥，并有所成就。没有责任心，不善于合作，不能群体奋斗的人，等于丧失了在华为进步的机会。华为非常厌恶的是个人英雄主义，主张的是团队作战，胜则举杯相庆，败则拼死相救。

任正非主导的华为特色的企业文化和任氏风格的管理思想，如"小胜在智，大胜在德""满足客户需求是华为存在的唯一理由""群体接班""静水潜流的企业文化""棉袄就是现金流"等等，深刻地影响着中国企业界，已成为中国企业家学习的样本。

华为十分重视企业文化，任正非对此有着精辟的论述：资源是会枯竭的，唯有文化才会生生不息。

然而在很多人的眼里，华为的企业文化被称为狼性企业文化，其中浸透着一股"狼性"。狼性精神使得华为常常用集体战斗胜过了强大若干倍的对手，找到了生存之法。

华为的战略目标是：华为长期的可持续发展。有人做了这样的解释：这个目标是用现代术语来描述的，其实如果用大白话讲就是：华为千秋万代；任正非名留青史。这基本上是中国上下五千年精英集团和个人的最高目标。

为了企业的可持续发展，华为投入巨资建立和完善管理体系。1991年，华为成立了管理科，不断招聘管理学硕士、博士，紧抓公司的管理。

1996年华为在管理建设方面改变思路，全面借助外力建立公司的管理体系。首先请人民大学专家组对华为的经营理念和基本经营政策进行提炼和总结，其次引进美国 ORACLE 公司的企业资源计划（ERP）系统。

接下来，华为请 HAY 公司建立人力资源管理系统，请 KPMG 公司建立财务管理系统，请 IBM 咨询公司建立公司整体构架，实施业务流程重组（BPR）和建立公司的信息系统。

通过三年多的努力，华为的管理上了一个台阶，具备了国际大公司管理的雏形。1998年，华为总裁任正非一针见血地提出："华为的大旗还能打多久？"系统地思考公司的可持续发展问题。

1965年，美国波音公司开展其历史上最大胆的行动之一：研发747巨无霸喷气式客机。在最终的决策会议上，一位董事说：要是计划不成功，我们总还可以抽身吧？

当时的董事长 Allen 听闻此言，强硬地回答说：抽身，如果波音公司说要制造这种飞机，就一定会造出来，即使耗尽公司的全部资源也要造出来！

在产品开发期间，一位参观波音的人对 Allen 先生说：如果第一架飞机在起飞时坠毁，你该怎么办？Allen 回答：我宁可谈一些愉快的事情——比如核战争。成功的管理者偏执于远大的目标，并以无所畏惧、永不放弃的毅力保证目标的实现。

2002年1月，东方希望集团斥资15亿元人民币与山东信发集团共同组建东方希望山东信发铝业有限公司，进行铝业深加工。

2002年9月15日东方希望集团和包头高新区签订开发协议，分四期建设100万吨电解铝和272千瓦发电机组，总投资将达100亿元人民币，预计2008年完成。这些大手笔的投入都体现了"狼性智慧"。

从华为的发展历程中，我们可以发现其战略所遵循的原则：设定远大而明确的目标；坚持，再坚持；运用"压强原理"，降低大赌风险。

畅销书《狼图腾》指出：狼子野心是世上最大的野心。正是因为这种野心，狼可以袭击比自己高大很多倍、奔跑速度快的黄羊。

任正非的性格和思想决不是"狼性"所能概括的，他和他的华为的文化也不仅仅是"狼性文化"。他脾气暴躁，但为人真诚，强调社会责任，提倡和谐，重视情感，主张反思。他的管理思想和方法也是在不断完善，与时俱进。

华为的企业文化中另一个具有辨识度的东西是《华为公司基本法》。这个基本法的意义在于将高层的思维真正转化为大家能够看得见、摸得着的东西，使彼此之间能够达成共识，这是一个权力智慧化的过程。

任正非表示，"避免陷入经验主义，这是我们制定《华为公司基本法》的基本立场。成为世界级领先企业"被写入《华为公司基本法》第一章第一条，它是华为的终极目标与最后理想。

作为一个具有改革精神的企业，华为也不断地在企业文化上进行修补。与多数陷入困境中才决定要进行改革的企业所不同的是：华为总是选择在公司风调雨顺的时候开始改革，这也是因为任正非广为人知的忧患意识。

冬天总会过去，春天一定会来到。我们要趁着冬天，养精蓄锐，加强内部的改造，度过这个严冬，10年来我天天思考的都是失败，对成功视而不见，也没有什么荣誉感、自豪感，而是危机感，艰苦奋斗必然带来繁荣，繁荣以后不再艰苦奋斗，必然丢失繁荣。

管理智慧

企业要获得快速发展，拥有一位优秀的企业家是不可或缺的前提；但企业要想获得持续发展，仅仅依靠一位优秀企业家之力是远远不够的。它必须拥有整套的超越个人因素的企业制度与企业文化，这才是企业持续发展的动力源。

6. 华为的狼性文化

狼在丛林里或荒野中才是狼，而在笼子里或人们的家里就会变成狗。高度竞争的环境和挑战性的目标更易形成企业的狼性文化。

华为的"狼文化"也是在国内外激烈的竞争环境中形成的。华为没有政府关系、没有垄断性资源、没有技术储备，只有华为人。

华为面对丛林里的老虎、荒原上的猎豹和狮子，他们的力量确实太小，随时都有被吃掉或者被饿死的危险。而在这样的生存条件和生存环境下，华为才诞生了狼性精神，开始了拼搏进取、奋发有为的伟大征程。

所以，要想真正形成企业的狼性文化，就必须营造出公司的危机感，提出富有激励性和鼓舞性的目标，为狼性文化获得合理性和合法性。

如百度等公司没有面临生存的危机，也没有提出富有前瞻性、挑战性的高远目标，所以百度新设立的某些富有狼性精神的制度性约束在员工群体中并没有得到响应，反而遭到了强烈的抵制。因为员工没有感觉到狼性文化的必要性和必须性。

另外，要想打造狼性精神，还要建立起良好的价值创造平台、完善工作支持体系和价值分享机制。

对于员工来说，企业是个人财富积累和自我价值实现的平台，而只有看到了这些"猎物"，员工才会显露出狼性精神，竭尽全力追逐目标。

而企业也必须不断完善企业价值创造平台，为员工的价值创造提供相应的条件和资源；要打造公平而富有激励性的价值共享机制，使员工可以预期到胜利的果实、成功的喜悦和自己的光辉，从而激发出更多的自豪感、上进心和奋发前进的热忱。目前很多企业采用股权和期权的鼓励方式，将员工利益与公司利润捆绑，并富有成效。

"狼文化"固然可以成为创新的动力，但"狼文化"的形成却有着较为复杂内涵和深层结构，企业只有感悟到狼文化的真谛，通过系统化的思考、科学理性的方法、综合性的措施才能够建构出优秀的"狼文化"，才能激发出企业的创新力，也才能成为企业的核心竞争力。

华为之所以成为中国民营企业的标杆，不仅仅因为它用 10 年时间将资产扩张了 1000 倍，不仅仅因为它在技术上从模仿到跟进又到领先，而是华为背后的任正非，他用穿透企业纷繁复杂表象的深邃的思想力指明了华为的方向。

毛泽东早就说过："任何过程如果有多数矛盾存在的话，其中必定有一种是主要的，起着领导的、决定的作用，其他则处于次要和服从的地位。因此，研究任何过程，如果是存在着两个以上矛盾的复杂过程的话，就要用全力去找出它的主要矛盾。抓住了这个主要矛盾，一切问题就迎刃而解了。"

这种理论同样适用于企业管理中，在企业发展战略体系中，每一项战略在企业发展中所起的作用是不同的，有主有次，其中，必定有一项核心战略，它是为解决企业主要矛盾而制订的战略，它统帅着其他战略，其他战略保证着核心战略的实现。

核心战略是纲，纲举目张。在企业的发展过程中，主要矛盾会发生变化，企业的核心战略也要随时变革，华为准确的把握住了战略转折的关键点。

任正非于 1988 年创立了华为公司，最初的业务是倒买倒卖，当时有很大的赢利空间，但两年后，任正非放弃舒舒服服赚钱的生意，决定自己搞研发。1990年，几十个年轻人跟随着任正非来到南山一个破旧的厂房中，开始了他们的创业之路。

华为的核心战略包括三方面：一是为客户服务是华为存在的唯一理由；客户需求是华为发展的原动力。任正非指出，华为的生存本身是靠满足客户需求，提供客户所需的产品和服务并获得合理的回报来支撑；员工是要给工资的，股东是要给回报的，天底下唯一给华为钱的，只有客户。二是质量好、服务好、运作成本低，优先满足客户需求，提升客户竞争力和盈利能力，是华为生存的根本。三是持续管理变革，实现高效的流程化运作，确保端到端的优质交付。

1998年，华为公司和AIS合作时，当时的AIS还是泰国一家小移动运营商。基于核心战略对客户服务的要求，华为公司快速响应AIS的需求，并提供质量好、服务好的产品和解决方案，使AIS一跃成为泰国最大的运营商，并成为泰国股市市值最大的公司。

1999年6月，AIS推出了预付费业务。华为公司为AIS提供产品、解决方案及服务，先后8次对设备进行建设和扩容，帮助AIS把竞争对手DTAC远远地甩在了后面。

华为在60天内完成了设备的安装和测试，快速满足了AIS的需求，比起业界平均周期大大缩短，有力帮助了AIS领先对手快速抢占市场，构筑了竞争力。

华为专门为AIS开发的高达80项的业务特性（AIS在发展过程的新需求），有效地提升了ARPU值，提高了盈利能力和竞争力。华为"为客户服务"的理念赢得了很多客户的忠诚，成为了它无以替代的资源。

通讯行业的一个本质规律是，谁掌握了核心技术，谁就掌握了市场竞争的战略高地。唯有立于核心技术这个战略高地，才可以势不可挡。

华为每年的投入为其销售额的 10%，但华为的实际投入远远高于 10%，几乎所有能用于研发的钱，都被华为义无反顾地用于技术攻关、科研。而且，任正非还逼着技术研发部门花钱，你没有把钱花出去，就是你的工作不到位，研发的项目开发得不够深入和广泛。

也正因为这些，华为才可以从一开始生产技术含量较低的交换机小厂，发展到现在以生产路由器等高技术含量高的网络设备、光通信、数据产品的综合性电信设备提供商。

在坚持核心技术的路上，华为走过的每一步都"鲜血淋漓"。在 20 世纪 90 年代末期，华为在中国打败了曾经独步中国的思科，在接入服务器市场上取得了 60% 以上的市场份额。

当时，思科 CEO 钱伯斯首先伸出了"橄榄枝"，希望与华为在路由器产品方面进行合作，条件是将中国市场中低端产品的生产制造交给华为，而华为放弃在高端产品上的研发，但这种让华为成为思科在中国的代工基地的条件，被任正非断然拒绝了。

2003 年，思科对华为进行了一次突然袭击，由于华为在北美市场的强势进攻，感觉到威胁的思科通过知识产权诉讼的手段，对华为开始了一次"手术刀式的攻击"。

这次打击是华为在国际化征程上遭遇的最大挑战之一，因为如果华为被判定败诉，其合法地位将会被彻底颠覆，华为多年呕心沥血的国际市场拓展也就变成了无用功。这次诉讼以双方和解的结局而告终。

2005 年 12 月，曾经对华为使出"杀招"的钱伯斯悄然来访华为，任正非对这位怒目相视多年的"宿敌"进行了最高规格的接待。华为以自己的核心技术得到了通信业权威的认可，华为以核心实力确定了自己在通信行业的核心地位。

华为的崛起让任正非的影响力越来越被世界所认可。2005 年，美国《时代》周刊发表了一年一度的"世界最有影响力的 100 人"名单，任正非与当红明星章子怡成为唯一入选的两个中国人。

其他入选的 IT 界名人包括微软主席比尔·盖茨，苹果电脑 CEO 史蒂夫·乔布斯，Google 联合创始人拉里·佩奇和谢尔盖·布林等。华为凭借其核心实力已经一脚踏入了"世界巨人俱乐部"。

在欧美电信运营商大幅削减投资预算引发设备商惨烈竞争的今天，华为依然采用的是这一策略，这一策略让华为在战场上几乎战无不胜，并保有了未来市场恢复后的预期份额，而在内部管理上，"狼文化"让华为拥有了一批高素质、吃苦耐劳、做开发比国外同行成本低的人才，这让华为能够更好地推进低成本的竞争策略。

✎ **管理智慧**

狼遵循强者上弱者下的领导机制，实力是最有说服力的语言。虽然他们不是上帝的宠儿，没有狮子的雄体利爪，也没有豹子的敏捷与快速，但他们用狼的耐心，狼的勇敢，狼的顽强，狼的智慧，狼的心态锤炼着强者的姿态。

7. 反对富裕起来后的道德滑坡

有人说，选择了华为，就等于选择了高薪。这话并非空穴来风。从整体上看，深圳是全国工资水平最高的地区之一，而华为公司的人均工资要大大高于深圳市的人均工资。

作为一家高新技术公司，华为的人均工资又明显高于同行业公司的人均工资，甚至在整个 IT 界，其工资也是很靠前的。

另外，在《华为公司基本法》里，也有明确规定公司保证在经济景气时期和事业发展良好的阶段，员工的人均年收入高于区域行业相应的最高水平。这些事实都在表明，华为员工的物质水平是不错的。

作为一名优秀的企业家，任正非当然能够做到"奖惩分明"，他更不会忘记曾为华为的发展而奉献自己、牺牲自己的老员工们。

当华为的效益有所好转之后，任正非马上给予他们很大的物质补偿。他说：我们是会富裕起来的，生活、工作环境都会逐渐有较大改善。

我们要从管理上要效益，从管理效益中改善待遇。我们不断推行严格、科学、有技的管理，要逐步减少加班，使员工的身体健康得到保障。有健康的身体，才有利于思想上艰苦奋斗。

我们要对早期参加工作，消磨了健康的员工，有卓越贡献而损害了健康的员工，对担子过重而健康不佳的高中级干部提供好的疗养条件，使他们恢复健康。

百年树人，不能因一时的干旱，毁坏了我们宝贵的中坚力量。我们已走出了困境，我们有条件帮助历史功臣，我们永远不会忘记他们的功勋。

军人出身的任正非当然知道"生于忧患，死于安乐"的道理。历史上许多朝代、英雄的消亡都是后天的安逸生活所致，在太平时代，忘记了忧患，忘记了危机，最终泯灭于历史中。

为此，任正非坚持在提高员工物质生括的同时，还注重精神文明建设，极力反对富裕起来以后的道德滑坡。他说：我们会不断地改善物质条件，但艰苦奋斗的工作作风不可忘记，忘记过去就意味着背叛。

我们永远强调在思想上艰苦奋斗。思想上艰苦奋斗与身体上艰苦奋斗的不同点在于：思想上艰苦奋斗是勤于动脑，身体上艰苦奋斗只是手脚勤快。我们要提拔重用那些认同我们的价值观，又能产生效益的干部。

我们要劝退那些不认同我们的价值观，又不能创造效益的人，除非他们迅速转变。我们坚定不移地反对富裕起来以后的道德滑坡，庸俗的贪婪与腐败，不管他职务高低。

任正非认为，华为不能因为企业生存了下来，经济状况得到了改善，就一劳永逸，躺在功劳簿上一味地追求享受。华为人还要致力于精神文明建设，把公司的命运和祖国的命运联系起来，还需要承担更多的社会责任。

而一个有责任感的企业就应该不断为社会创造财富，不作奸犯科，不断缓解杜会上的压力，为政府增加税收，积极参与公益事业，推动社会的进步。

华为在保障物质文明不断进步的同时，也不能忽略精神文明建设，尽管这是一对对立统一的矛盾。华为一定要正确处理好这一对矛盾，做到二者兼顾。不断加大对员工的关注，引导他们，让他们懂得什么是真正的生活。

任正非在题为《一个职业管理者的责任和使命》的讲话中说：我们引导员工懂得高雅的文化与生活，积极、开放、正确地面对人生。

人生苦短，不必自己折磨自己。不以物喜，不以己悲。同时也要牢记，唯有奋斗才舍有益于社会。人生是美好的，美好并非洁白无暇。任何时候、任何处境都不要对生活失去信心，要快乐地度过充满困难的一生。

在华为，大多数员工都是年轻人，他们的平均年龄都比较小，30 岁以下的年轻人占绝大部分。年轻人很容易受到外界不良因素的影响。

2005 年以来，个别华为人由于工作压力大等原因，出现了抑郁症状；还有部分员工在经济条件明显改善以后，开始过度享受，甚至开始迷恋低级趣味；另外一些员工则表现得比较自私，只盖注自己的小生活，忘记了要回报社会。

尽管上述现象是极个别的，影响范围也不是太大，但任正非却将它们高度重视起来。他劝告那些有这样那样问题的员工，业余时间可安排一些休闲活动，但还是要有计划地读些书，不要搞消磨意志的不正当娱乐活动。

要加强自律，使自己成为一个高尚的人、受人尊重的人。要珍惜生命，爱惜自己，树立正确的人生观，更好地回报社会、回报家人。

管理智慧

一个有责任感的企业应该不断为社会创造财富，不作奸犯科，不断缓解社会上的压力，为政府增加税收，积极参与公益事业，推动社会的进步。

8. 华为要持续而艰苦地奋斗着

2011年，日本福岛核灾的恐怖威胁下，华为员工仍然展现了服务到底的精神，不仅没有因为危机而撤离，反而加派人手，在一天内就协助软银、E-mobile等客户，抢通了300多个基站。自愿前往日本协助的员工，甚至多到需要经过身体与心理素质筛选，够强壮的人才能被派到现场。

软银LTE部门主管非常惊讶："别家公司的人都跑掉了，你们为什么还在这里?""只要客户还在，我们就一定在"，当时负责协助软体银行架设LTE基站的专案组长李兴回答的理所当然："反正我们都亲身经历过汶川大地震。"

在华为，一通电话就飞到利比亚、阿尔及利亚、委内瑞拉等世界各个角落是常有的事，往往一去就是3个月或者半年，而且是在最落后的环境做最艰苦的事。员工当然也可以选择不去，但"去，就是给你一个舞台，让你有机会学习、成长；年底绩效好，还可以多认股，多分红，为什么不去呢?"邱恒说。

华为公司的利益与员工的个人利益紧紧绑在一起。在华为，一个外派非洲的基础堡程师如果能帮公司服务好客户，争取到一张订单，年终获得的配股额度、股利，以及年终奖金总额，会比一个坐在办公室、但绩效未达标的高级主管还要高。

事实上，即使一个刚入公司的本科系菜鸟，起薪也比一般企业高，以第一年月薪人民币9000元换算，加上年终奖金，年薪至少人民币15万起跳，比台湾领 2. 2 万新台币的毕业生高上将近两倍。

工作 2 年至 3 年，就具备配股分红资格。在华为有"1＋1＋1"的说法，也就是工资、奖金、分红比例是相同的。随着年资与绩效增长，分红与奖金的比例将会大幅超过工资。即使是号称重视员工福利的欧美企业都很罕见，然而这个源头，竟然只是为了三个字"活下去"。

26 年坚持利益共享，一块饼大家分，"要活大家一起活"。

出身贵州贫寒家庭，家中有 7 个兄弟姊妹，身为老大的任正非，从小就学会要与父母一同扛起责任。高中那年，一家人穷到得去山上挖野草根煮来充饥。偶然有一块馒头，父母亲也会切成 9 等份，每个人只有一口，为的是让每个孩子都能活下去。

当时任正非的父母，把粮食存在一个个瓦罐中，没有孩子会去动。即使高三拼考试、饿到受不了的时候，任正非也只会放下书本，自己跑到郊外去采野菜，就着米糠烙着吞咽充饥。

"我们家当时是每餐实行严格分饭制，控制所有人欲望的配给制，保证人人都能活下来。不这样，总会有一两个弟妹活不到今天。"任正非回忆，即使每天要辛苦工作十几个小时养活一家人的父母，或是年幼的弟妹，从来也不会多吃一口。

"要活，大家一起活！"这意念从此深植任正非心中，成为他创业后坚持利益共享的基础。

华为的领导班子，都是一路从基层打拼上来的，只要有战功，30 岁当少将，管几十亿美金的合同，都是很常见的事。

在任正非眼中，搞金融的人光靠数字游戏就能赚进大笔财富，真正卷起袖子苦干的人却只能赚取微薄的工资，这是全世界最不合理的事。所以他坚决不让华为上市，宁可选择把利润分享给员工。

任正非还时时刻刻在找出组织内的"黑洞"，很多人在华为工作10年，就已经赚到可以退休的钱，这就造成了一批阻碍公司成长的"沉淀层"，工号20000之前的，被称为是公司内的"贵族"，享有职位与年资上的特权。

为此，华为分别在1996年与2007年，由董事长孙亚芳及任正非本人各发起了一次"集体辞职"的大运动，两次涉及的人数都将近七千人。

以2007年为例，年资8年以上员工，只要自愿提辞呈，就可获得与年资相对应的赔偿金，最低人民币20万元起跳。辞职后如愿意继续留在公司，华为也会再次聘用，虽然既有股份不变，但职位与年资均按照该年的绩效重新计算。

这种激进的做法引起当时舆论哗然，中国官方甚至介入调查华为此举是否有违法之嫌，但出乎意料的是，华为员工竟然没有出现激烈的抗争行动，辞职再回任的比率甚至高达九成。

这是因为不回任者必须在离开前将股份卖回给公司，而重聘者可能被降阶降薪，但持有股数不会因此削减，只要公司继续成长获利，他依然可靠持股享受分红好处。

这个做法，让华为一方面保全了资深者作为股东的利益，一方面又促进新陈代谢，让一批更年轻、更有能力的人上来，担当与其绩效相符的职位。一般公司会遇到的成长瓶颈与人事困境，它再一次靠"让员工当老板"的原则跨过。

任正非在一次访问日本归来，体会到日本经历过大萧条处境，他自行撰写的一篇文章《北国之春》中描述华为的处境：华为像一片树叶，有幸掉到了这个潮流的大船上，是躺在大船上随波逐流到今天，本身并没有经历惊涛骇浪、洪水泛滥、大堤崩溃等危机的考验。

因此，华为的成功应该是机遇大于其素质与本领。

什么叫成功？是像日本那些企业那样，经九死一生还能好好活着这才是真正的成功。华为没有成功，只是在成长。

华为经过的太平时间太长了，在和平时期升的官太多了，这也许会构成我们的灾难。泰坦尼克号也是在一片欢呼声中出的海。

在任何一个华为值得鼓掌的关头，任正非都是采取这种当头棒喝的做法，让每个华为人头脑清醒，因为他也知道天道循环的道理，生与灭其实只在一线之间，唯有如此，华为才能在充满更多的挑战中找到下一个惊喜。

管理智慧

如今越来越激烈的市场竞争中，优胜劣汰是所有企业的游戏规则，企业想要立于不败之地，管理者一定要有危机意识，能够居安思危。